대한유도회 공식 추천 도서

올림픽 금메달리스트 전기영과 함께하는

유도의 본

전기영 저

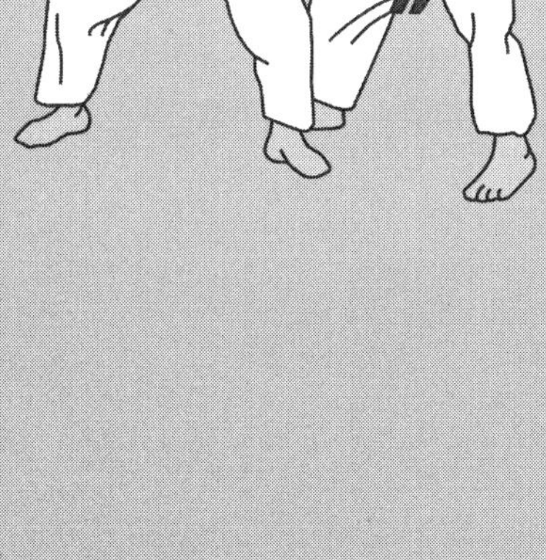

도서출판
진영사

올림픽 금메달리스트 전기영과 함께하는 유도의 본

전기영

2017년 6월 21일 초판 인쇄
2017년 6월 26일 초판 발행
2020년 5월 25일 2판 발행
발행인 박 진 영
발행처 도서출판 진영사
인천광역시 부평구 주부토로 236 인천테크노밸리 U1 지식산업센터 B동 1507호
전화 : 032)505-4207
팩스 : 032)505-4206
E-mail : 0183734207@hanmail.net
신고번호: 제2007-000001호(2007.01.19.)

ISBN 978-89-6541-324-0 93690
값 15,000원

머 리 말(들어가는 말)

유도(柔道)의 본(本)은 전통적인 유도와 현대 유도를 연결하는 고리라 생각한다. 본(本)은 고정되고 형식화된 움직임을 순서를 통해 유도의 원리를 가장 잘 함축하고 있으며 예술적인 가치도 인정받고 있다. 본(本)은 여러 가지 공격 중에서 대표적인 기술을 채택하여 잡기(Tori)와 받기(Uke)로 나뉘어져 이를 순서와 방법을 통하여 만들어졌으며 공격과 방어의 다양한 기술, 몸쓰기, 힘의 원리, 그리고 기술의 본질을 실제로 체득하게 된다고 볼 수 있다. 그러나 유도의 본(本)은 일정한 순서와 방법에 의해 약속되어진 것이기 때문에 다소 실전 유도경기에서 볼 수 있는 다이내믹한 움직임과 변화가 없어 흥미를 잃기 쉽다. 하지만 유도의 원리를 잘 설명할 수 있는 종합적인 이론과 과학적 논리의 배경을 제시하기에 충분한 가치가 있다고 사료된다.

현재 유도는 올림픽과 같은 큰 무대에서의 좋은 경기력 향상뿐만 아니라 생활체육으로서의 유도 저변확대와 활성화에 본(本)이 그 역할을 할 수 있을 것이라 기대를 하며 전통과 현대적인 것의 조화 속에 서로가 융화하고 각각의 단점들을 보완하며 장점들을 더욱 부각시켜주는 역할을 할 때에 더욱 발전하게 될 것이다. 기본적인 본의 형식을 습득하는 것은 유도의 기본기를 갖추고 나아가 그것을 응용함으로서 유도 실력 발전의 무한한 가능성을 가지고 올 것이라고 판단된다.

본 저서는 메치기 본, 굳히기 본, 부드러운 본, 호신의 본, 그리고 강도관 호신술까지 총 5가지 본의 내용을 그림과 같이 설명을 삽입하여 독자들의 이해를 쉽게 전달하고자 하였다. 또한 책을 저술하기 위해 오랜 기간의 유도수련과 지도자 경험, 그리고 국내는 물론 해외 본 강습회를 통하여 모든 지식들을 총 망라하였으나 여러 가지 부족한 점이 있을 것이다. 많은 지도편달이 있기를 바란다.

끝으로 이 책을 통하여 유도 수련자는 물론 지도자가 갖추어야 할 유도의 본 지식을 되도록 많은 이들에게 보급함으로써 유도가 가지고 있는 의미와 매력을 알리는 기회가 되기를 기대 해본다.

2017년 6월

저자 전기영

본(KATA) 대회에서는 반드시 백색도복 착용을 원칙으로 하고 있으나 본문 내용에는 독자들의 쉬운 이해를 돕고자 받기 그림을 어둡게 표현하였으므로 참고 하길 바람.

목 차

제1장 메치기 본(NAGE-NO-KATA)

제2장 굳히기 본(KATAME-NO-KATA)

제3장 부드러운 본(JU-NO-KATA)

제4장 호신의 본(KIME-NO-KATA)

제5장 강도관호신술(KODOKAN-GOSHINJUTSU)

제 1 장

메치기 본(NAGE-NO-KATA)

제1장 메치기 본(NAGE-NO-KATA)

유도의 메치기 본 기술에는 손기술, 허리기술, 발기술, 바로누우며메치기기술, 그리고 모로누우며메치기기술까지 총 5종류 15가지 기술로 구분되어 있다. 이들 메치기 기술 중에서 대표적인 3가지 기술을 한 개 조로 묶어 각각의 기술에 대해 기울이고, 지웃고, 걸 수 있도록 하고, 또한 '받기'가 쉽게 넘어 갈 수 있도록 되어 있다. '잡기'는 이러한 공격기술을 습득해 나가는 과정에서 보다 효과적이고 정확한 기술을 구사할 수 있도록 만들어진 것이 메치기 본이라 할 수 있다.

손기술 TE-WAZA

띄어치기	업어치기	어깨로메치기
UKI-OTOSHI	SEOI-NAGE	KATAGURUMA

허리기술 KOSHI-WAZA

허리띄기	허리후리기	허리채기
UKI-GOSHI	HARAI-GOSHI	TSURIKOMI-GOSHI

발기술 ASHI-WAZA

모두걸기	발목받치기	허벅다리걸기
OKURI-ASHI-HARAI	SASAE-TSURIKOMI-ASHI	UCHIMATA

바로누우며메치기기술 MA-SUTEMI-WAZA

배대뒤치기	누우면서던지기	안오금띄기
TOMOE-NAGE	URA-NAGE	SUMI-GAESHI

모로누우며메치기기술 YOKO-SUTEMI-WAZA

모로걸기	모로돌리기	모로띄기
YOKO-GAKE	YOKO-GURUMA	UKI-WAZA

상석(심판석)

메치기 본의 시작

상석에서 볼 때, 잡기는 오른쪽에서 받기는 왼쪽에서 경기장으로 들어온다. 서로 약 6m(매트 6칸) 정도 간격을 두고 직립자세로 마주선다. 상석을 향해 돌아서서 인사(입례)를 하고 다시 몸을 돌려 마주 선다. 동시에 왼 무릎부터 꿇으며 발가락을 세운다. 주먹 두 개 정도 들어갈 만큼 두 무릎을 벌려 가지런히 한다. 발을 펴고 발뒤꿈치에 앉아 상체를 곧게 펴고 두 손을 허벅지에 올려놓는다. 잡기와 받기는 손바닥을 바닥에 대고 손가락을 붙여 약간 안쪽으로 향하게 하면서 상체를 상대에게 굽혀 인사(좌례)를 한다(이때 등은 곧게 펴고, 엉덩이는 발뒤꿈치에서 떨어지지 않아야 한다). 잡기와 받기는 오른발부터 일어서서 왼발부터 매트바닥을 스치며 큰 보폭으로 한 발 앞으로 나아가 두 발을 나란히 벌린 자연본체를 한다. 이때 거리는 약 4m 정도이며 거기서 맞잡기(Kumi-Kata)거리가 될 때까지 앞으로 왼발부터 서서히 다가간다.

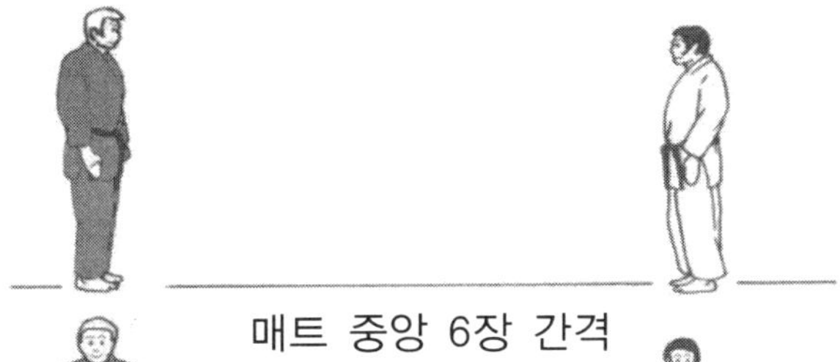

그림 1. 서로 마주본다.

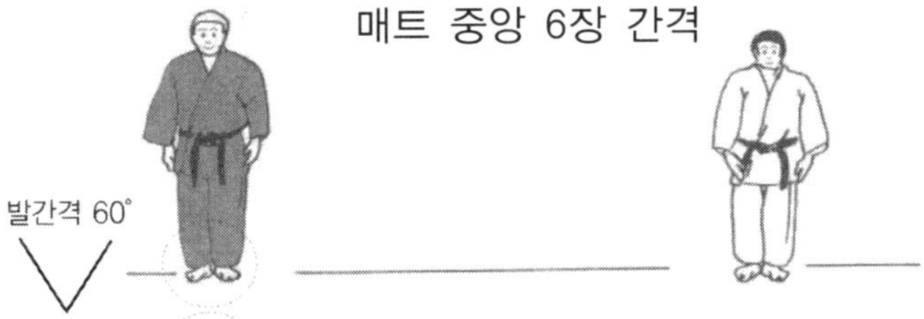

그림 2. 상석을 향한다.

그림 3. 인사(입례)를 한다.

그림 4. 다시 마주 본다.

그림 5. 정좌를 한다.

그림 6. **인사**(좌례)를 한다.

그림 7. 서서히 다가간다.

손기술 TE-WAZA

1. 띄어치기 Uki-otoshi

1

잡기와 받기는 중앙을 향해 다가가 약 60㎝ 정도 맞잡기에 약속된 거리를 두고 멈춘다.

받기가 먼저 오른발을 내밀면서 맞잡기, 즉 왼손은 잡기의 오른 소매를 오른손은 잡기의 왼쪽 가슴 깃을 잡는다. 잡기는 그만큼 왼발을 뒤로 옮긴다. 이때 잡기와 받기는 우자연체 자세에서 이어딛기로 1보 이동한다.

2

3

잡기는 1보에 비해 약간 큰 보폭으로 왼발부터 뒤이어딛기를 하면서 받기를 오른쪽 앞으로 잡아끈다. 받기는 오른쪽 왼쪽 2보 한다. 잡기는 더 큰 보폭으로 왼발을 뒤로 옮기면서 무릎을 바닥에 댄다.

4

5

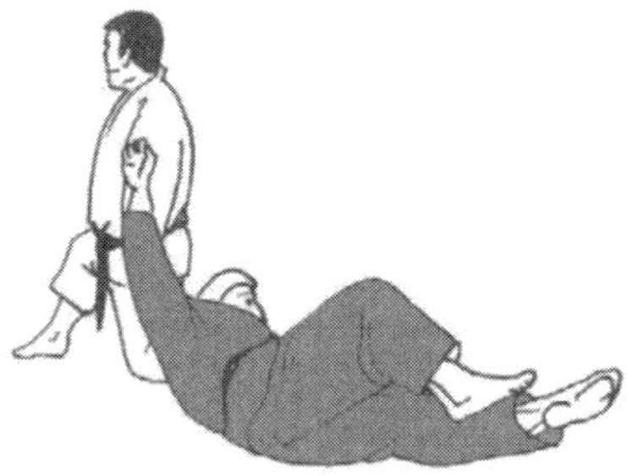

6

무게중심을 아래에 두면서 잡기는 두 손을 비스듬히 밑으로 내려 본의 축으로 당긴다. 받기는 잡기의 왼손 뒤쪽으로 원을 그리며 넘어진다. 이때 잡기는 상체를 곧게 펴고 머리를 돌리지 않고, 눈은 정면을 바라보면서 몸을 낮추어야 한다. 잡기의 가슴은 본의 축에 비해 약 45도 각도가 된다.

- 잡기와 받기는 반대쪽 위치의 서로 약속된 거리에서 마주선 뒤, 왼쪽 동작으로 띄어치기를 한다. 동작이 끝나면 잡기와 받기가 서로 일어나 본의 시작 위치 약 2m 정도의 간격에서 다음 동작을 위해 마주선다.

2. 업어치기 Seoi-nage

1

받기는 오른 주먹을 뒤로 들고 잡기를 향해 왼발을 크게 내디딘다.

받기가 주먹으로 잡기의 정수리(얼굴 쪽)를 내려치려고 오른발을 내밀 때, 잡기는 오른발을 내민다. 그와 동시에 왼 팔뚝의 팔꿈치 주위로 받기의 팔뚝을 막는다.

2

3

잡기는 받기의 오른쪽소매(팔꿈치 높이)를 잡고, 오른발을 받기의 오른발 앞쪽으로 내밀면서 왼쪽을 향해 크게 돌려(내 왼발은 원을 그린다) 오른손으로 받기의 오른쪽 어깨를 잡는다.

4

받기는 잡기의 몸에 등을 바짝 붙이고 받기가 왼발을 오른발 선상으로 옮기기 전에 앞으로 끌어당겨 중심을 잃게 한다.

5

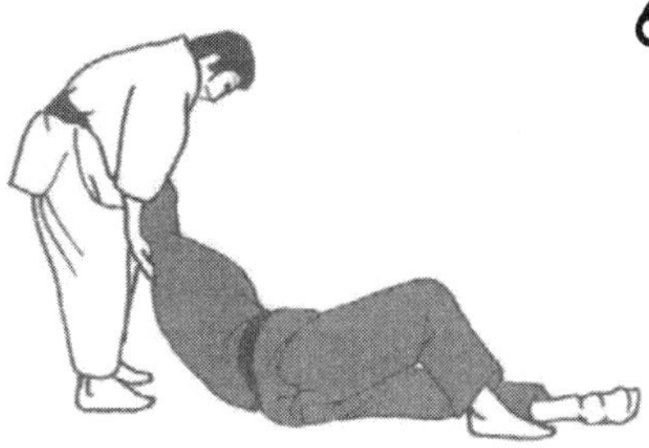

6

잡기는 몸을 앞으로 숙이고 무릎을 펴면서 받기를 어깨너머로 메친다. 받기가 바닥에 넘어질 때까지 완벽하게 제압한다.

- 받기는 일어나서 반 바퀴 돌아 잡기와 다시 마주 선다. 다시 받기가 왼 주먹으로 공격하면 잡기는 이전과 반대되는 동작들로 대응한다. 받기가 일어나면 잡기와 받기는 본의 시작 위치가 된다.

3. 어깨로메치기 Kataguruma

1

받기가 먼저 오른발을 내밀면서 맞잡기를 시도한다. 이에 잡기는 왼발을 뒤이어딛기 하면서 1보 뒤로 물러난다. 잡기는 왼손으로 받기의 오른팔 밑에서 잡고 있던 소매를 안으로 돌려 잡으면서 다시 왼발 오른발 뒤이어딛기로 1보 움직인다.

잡기는 다시 왼발을 큰 보폭으로 1보 옮긴 뒤, 어깨로 메치기를 위해 왼손으로 받기의 오른손을 크게 잡아당긴다.

2

3

잡기는 자호체로 몸을 충분히 낮추면서 받기의 두 허벅지 사이로 오른쪽 어깨를 깊숙이 집어넣으며 받기의 골반에 목의 오른쪽 부분을 바짝 갖다 댄다.

4

잡기는 왼발을 오른발 쪽으로 옮기면서 몸을 일으켜 오른손을 들어 왼쪽으로 잡아당긴다.

5

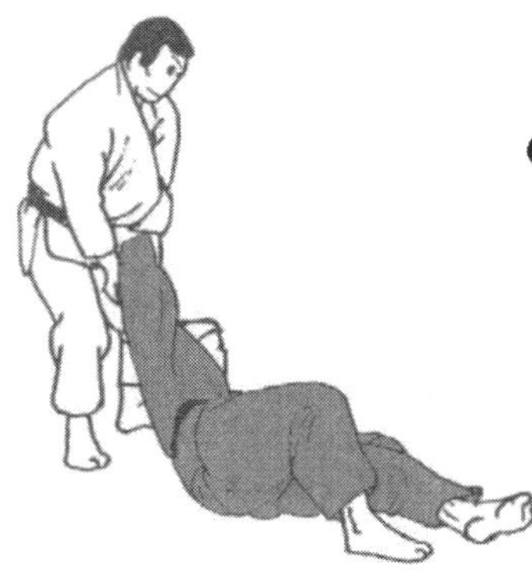

6

받기는 어깨 위에서 자신의 왼쪽 앞 45도 각도에 떨어진다. 잡기는 받기가 떨어지는 것을 끝까지 제압한다.

- 받기는 일어서서 반대쪽 기술을 시도한 뒤, 손기술의 3가지 동작이 끝나면 도복 정리를 하고 돌아서서 서로 4m 간격 자연체로 다시 마주선다.

허리기술 KOSHI-WAZA

1. 허리띄기 Uki-goshi

1

잡기와 받기는 2m 정도 거리를 두고 마주 선다.

2

업어치기에서처럼 받기는 왼발을 내밀면서 잡기를 공격한다.

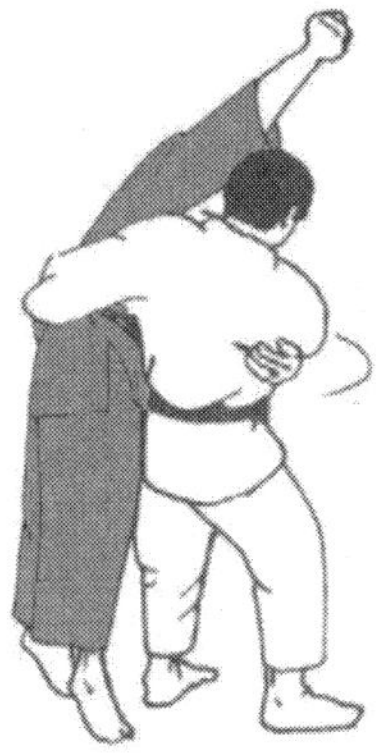

3

3-1 (반대편 모습)

주먹을 내려치는 순간, 잡기는 막 오른발을 내민 받기의 두 발 사이로 왼발을 넣고, 오른쪽 뒤로 몸을 돌리면서 피한다. 잡기는 왼손으로 받기의 허리를 감싸면서 띠 높이에 받친다. 그와 동시에 잡기는 오른손으로 받기의 왼쪽 소매를 잡는다.

4

4-1 (반대편 모습)

잡기는 중심을 잡기 위해 오른발을 뒤로 옮기고, 오른손으로 잡아당기면서 왼쪽 옆구리에 붙어있는 받기를 메친다.

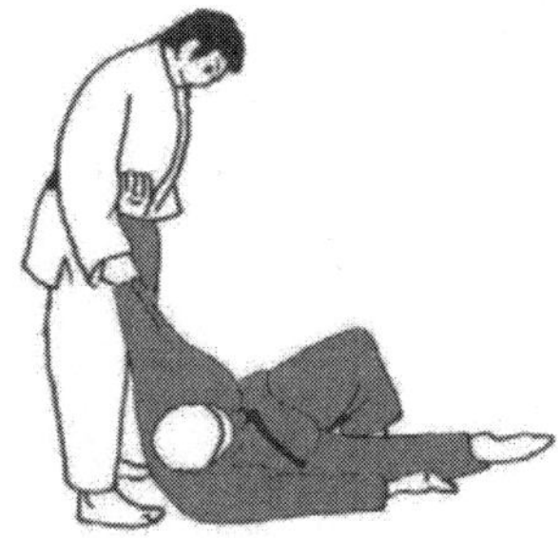

5

잡기는 바닥에 닿을 때까지 제압한다.

- 받기는 일어나서 반 바퀴 돌아 왼 주먹으로 공격한다. 반대쪽 허리띄기가 끝나면 잡기와 받기는 본의 시작 위치에 마주선다.

2. 허리후리기 Harai-goshi

1

잡기와 받기는 약 60cm 거리의 약속된 위치에서 만난다.

받기는 오른발 1보를 내밀면서 맞잡기로 잡는다. 잡기는 그만큼 왼발을 뒤로 옮긴다(이어딛기 1보).

2

3

잡기는 두 번째 뒤이어딛기에서 왼쪽 겨드랑이 밑으로 오른손을 넣어 고쳐 잡는다.

세 번째 이어딛기에서 잡기는 받기가 앞쪽으로 균형을 잃도록 기울이면서 몸을 왼쪽으로 틀어 왼발을 뒤로 옮긴다.

4

5 잡기는 받기를 오른쪽 옆구리에 바짝 당겨 오른 다리를 뻗어 앞으로 나온 받기의 오른쪽 다리 후리기를 시도한다.

6

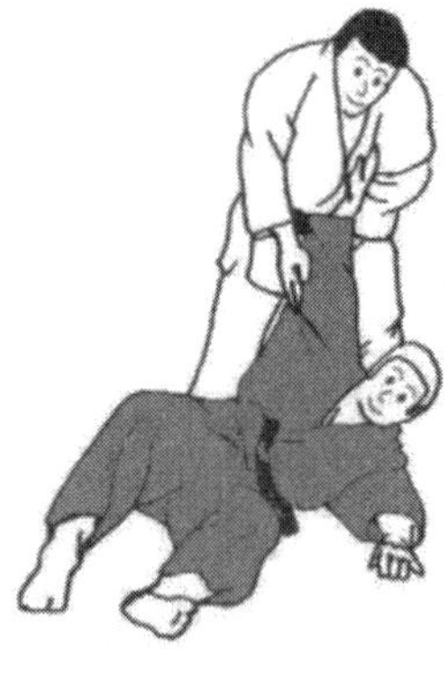

7

잡기는 메치고 나서 바닥에 닿을 때까지 받기를 제압한다.

- 받기가 일어나서 왼쪽 기술을 하고 나면, 서로 본의 시작 위치로 돌아가 다시 마주선다.

3. 허리채기 Tsurikomi-goshi

1

잡기와 받기는 다시 약 60cm 약속된 간격을 유지하여 마주선다.

받기는 오른발을 내밀면서 맞잡기로 잡기를 잡는다. 잡기는 왼발로 물러나면서 받기의 도복 왼쪽 목깃을 잡는다(1보). 앞에서처럼 이어딛기로 2보 한다.

2

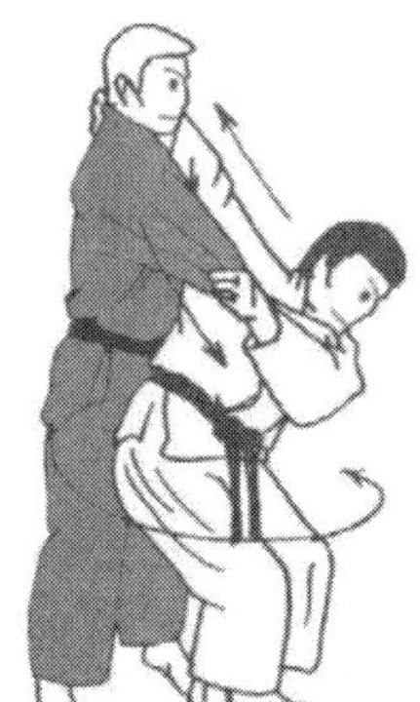

3

3보에서, 잡기는 오른발을 축으로 왼쪽으로 돌아 왼발을 뒤로 원을 그리며 돌려 같은 선상에 옮긴다. 잡기는 무릎을 굽히고 오른손을 곧게 뻗으면서 허리채기를 시도한다.

잡기는 무릎을 펴고 받기의 허벅지와 배에 밀착시켜 밑으로 당기면서 메친다.

4

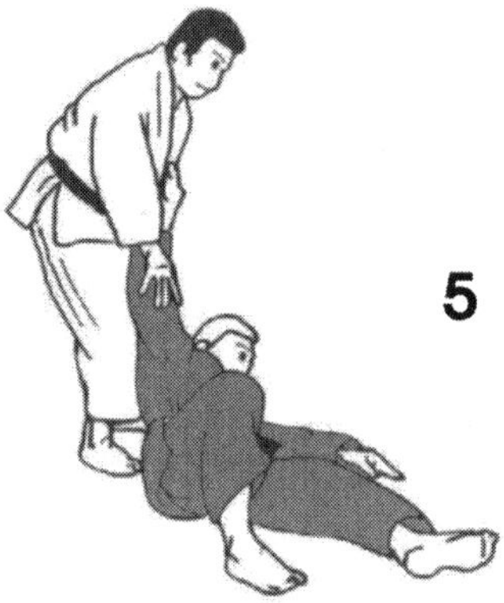

5

잡기는 바닥까지 제압한다.

- 잡기와 받기는 왼쪽기술을 시도한 뒤, 허리기술의 3가지 동작이 끝나면 돌아서서 도복을 정리하고 다시 자연체로 마주 선다.

발기술 ASHI-WAZA

1. 모두걸기 Okuri-ashi-harai

1

잡기와 받기는 내딛기로 매트 중앙 약 30cm 약속된 간격을 두고 가까이 마주선다.

잡기는 받기의 서로 도복을 잡고 맞잡기를 한다.

2

3

잡기는 본의 선상의 수직축을 따라 옆으로 이동하면서 왼손으로 기울이기를 크게 한다. 잡기는 오른발을 떼고 왼발을 옮긴다. 받기는 균형을 잡기 위해 왼발과 오른발로 따라오게 된다.

잡기는 리듬을 강요하여 같은 방법으로 두 번째 이동을 한다.

4

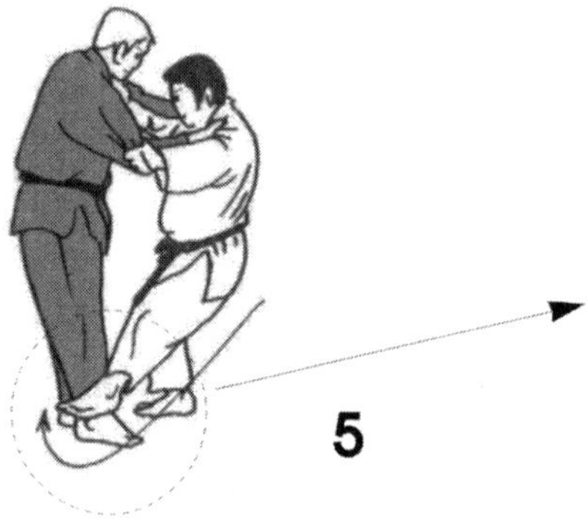

5

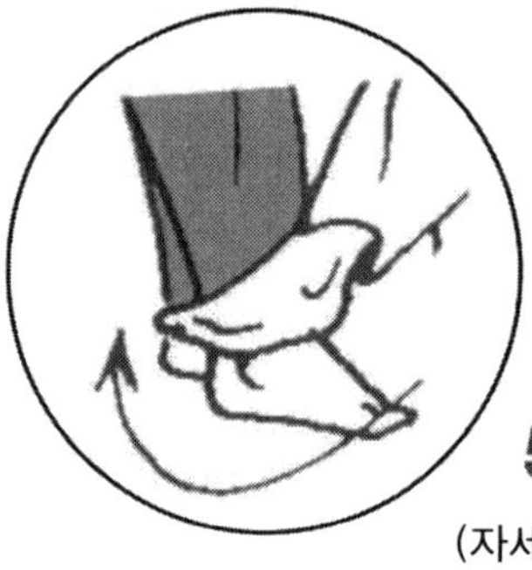

5-1

(자세한 발모습)

잡기는 세 번째 이동을 하면서 양손을 사용하여 기울이기를 충분히 하고 오른발을 크게 벌리면서 왼 발바닥을 안쪽으로(사진 5-1) 돌린다.

6

받기가 다시 오른발을 왼쪽으로 가져올 때, 기회를 잡는다. 잡기는 왼 다리를 뻗어 받기의 발목 바깥쪽에 발바닥을 붙이고 받기의 오른 팔꿈치를 옆으로 밀면서 받기의 오른 다리를 왼 다리 쪽으로 힘껏 건다(걸기 방향으로 온몸을 이동하는 동작).

잡기는 받기가 바닥에 닿을 때까지 제압 한다.

7

- 받기는 일어나서 잡기와 마주 보고 왼쪽 기술을 시도한 뒤, 서로 약속된 거리 약 60cm 간격으로 다시 마주보고 선다.

2. 발목받치기 Sasae-tsurikomi-ashi

1

시작 위치에서.

받기가 먼저 오른발을 내밀고 오른쪽을 공격하면서 잡기를 민다. 잡기는 왼발부터 뒤이어딛기로 물러난다. 본의 수많은 기술에서 보는 것과 같은 이어딛기 1보를 한다.

2

3

받기가 다시 오른발을 내밀 때, 잡기는 왼발부터 뒤로 옮겨 받기를 내 쪽으로 끌어당긴다, 앞의 이동과는 반대로 잡기는 오른발을 바로 뒤로 옮기지 않고 오른쪽 뒤로 원을 그리며 벌린다. 잡기는 왼손으로 계속 잡아당기면서 기울이기를 시도한다.

받기는 오른발을 내밀면서 균형을 잡으려고 할 때, 잡기는 왼쪽 뒤로 몸을 돌려 왼발바닥을 받기의 오른 발목에 받친다.

4

5

6

7 8

잡기는 몸을 일으켜 온몸의 반동을 이용해서 왼 다리를 쭉 뻗어 돌린다. 받기는 내 발 주위를 돌아 잡기의 오른쪽 앞에 떨어진다. 잡기는 받기가 바닥에 닿을 때까지 제압한다.

- 받기가 일어나서 반 바퀴 돌아 왼쪽기술을 하고 나면 잡기와 받기는 본의 시작 위치에 선다.

3. 허벅다리걸기 Uchimata

1

잡기와 받기는 약 60cm 정도의 약속된 간격을 유지하며 자연체에서 똑같이 오른발을 내밀면서 우자연체로 맞잡는다.

잡기는 받기의 오른발 바깥쪽 왼쪽 방향으로 왼발로 1보를 하고, 오른손으로 잡아당기면서 오른발도 같은 방향으로 옮긴다. 받기는 왼발과 오른발을 원을 그리며 이동하면서 이 회전을 따라올 수밖에 없다.

2

3

잡기는 받기를 원심력을 이용하여 오른쪽으로 반원을 그리며 크게 돌린다.

시계바늘이 도는 방향으로 돌면서 2보한다.

4

5

3보를 할 때, 잡기는 받기를 내 쪽으로 힘껏 끌어당긴다.

받기가 왼발을 내밀면서 균형을 잡으려는 순간, 잡기는 받기의 두 다리 사이로 오른다리를 받기의 두 다리사이로 넣으면서 기술을 시도한다.

6

7 잡기는 왼쪽으로 돌리면서 메친다.

잡기는 받기가 바닥에 닿을 때까지 제압한다.

8

- 잡기와 받기는 왼쪽기술을 시도한 뒤, 돌아서서 도복을 정리한다. 그리고 자연체로 돌아서서 다시 마주선다.

바로누우며메치기기술 MA-SUTEMI-WAZA

1. 배대뒤치기 Tomoe-nage

1

잡기와 받기는 내딛기로 나아가 약 60cm 정도의 약속된 거리에 마주선다.

잡기와 받기는 동시에 오른발을 내밀면서 우자연체에서 공격한다.

2

3

잡기는 오른발부터 내딛기로 밀면서 3보 물러나게 한다. 받기는 그만큼 뒤로 물러나고 잡기는 그 즉시 왼손잡기를 바꾸면서 받기의 두 발사이로 왼발을 밀어 넣는다.

받기가 중심을 잡기위해 왼발을 내미는 순간 잡기는 오른발 끝을 받기의 배꼽 밑에 받치면서 메치기를 시도한다.

4

5

등이 매트에 닿았을 때, 잡기는 두 팔과 동시에 오른다리를 뻗어 받기를 뒤로 던진다.

받기는 멀리 떨어져 구르고 낙법으로 충격을 약화시키면서 일어난다. 잠시 후, 잡기도 일어나 돌아서서 받기와 다시 마주 선다.

6

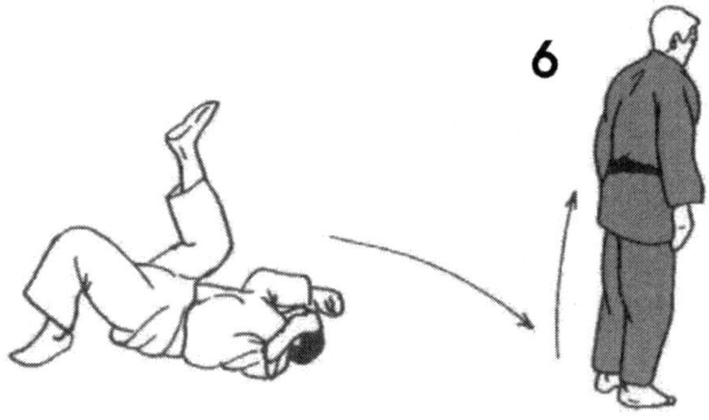

2. 누우면서던지기 Ura-nage

1

잡기와 받기는 약 2m 약속된 거리를 두고 마주선다.

받기는 오른 주먹을 위에서 아래로 내려치기 위해 왼발을 내민다(업어치기 참조).

2

3

주먹을 내려치는 순간, 잡기는 몸을 낮추고 왼팔로 받기의 허리를 감싸면서 받기의 앞으로 나가는 오른발 바깥쪽으로 왼발을 크게 벌린다.

잡기는 낮춘 자세에서 오른손을 편 채, 손바닥을 받기의 복부에 대고 받기의 발 안쪽으로 오른발을 넣는다.

4

5

5-1
(반대편 모습)

6

6-1
(반대편 모습)

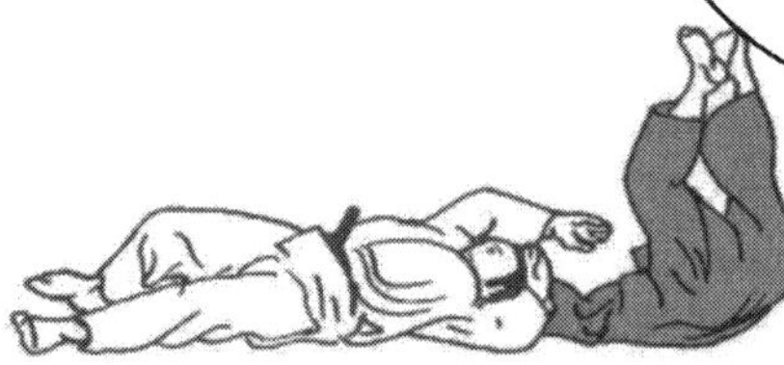

7

잡기는 받기를 바짝 끌어당겨 누우면서 머리 너머로 던진다. 이때, 받기는 공중회전을 하여 낙법 후, 누워서 잡기와 같이 잠시 누워 있다가 동시에 일어난다.

- 잡기와 받기는 몸을 돌려 약 2m 정도 거리를 유지한다. 받기가 이번에는 왼손을 들고 오른발을 내밀면서 왼쪽 누우며 던지기를 시도한다.

3. 안오금띄기 Sumi-gaeshi

1

잡기와 받기는 약 90cm 매트 한 칸 정도 약속된 거리의 위치에서 마주선다.

잡기와 받기는 오른발을 내밀면서 서로 오른손을 상대의 겨드랑이 밑으로 넣어 왼쪽 견갑골에 올려놓고 낮은 우자호체로 맞잡는다. 왼손은 상대의 오른팔 삼두근을 감싸 잡고, 등은 곧게 편다.

2

3

잡기가 오른손으로 끌어당기면서 오른발을 크게 뒤로 옮기면 받기는 할 수 없이 왼발을 내딛게 된다.

받기는 몸을 세워 중심을 잡으려고 한다. 이때 잡기는 왼발을 오른발 옆으로 옮기면서 두 손을 약간 들어올리고 무릎을 굽히며 몸을 뒤로 기울인다. 이미 앞 균형을 잃은 받기는 오른발을 내민다.

4

5

걸기의 순간이 오면, 잡기는 손으로 끌어당기면서 오른 발목을 받기의 왼 다리 오금에 받치고 뒤로 넘어진다.

잡기는 바닥에 눕는다.

6

7 매트에 등이 닿는 순간, 잡기는 오른 다리를 펴면서 받기를 손으로 끌어당겨 왼 쪽 어깨너머로 메친다.

받기는 바로 일어난다.

8

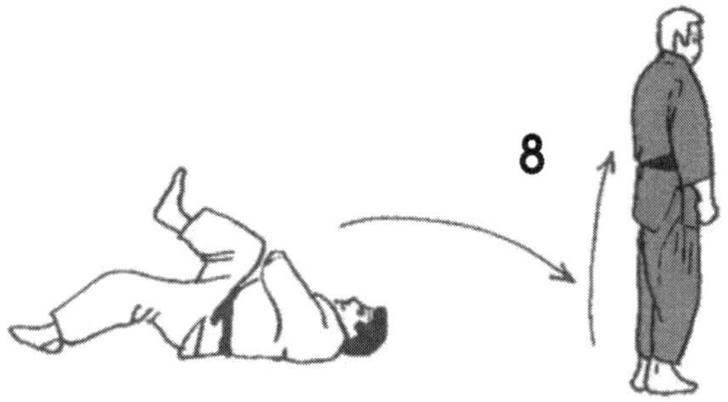

- 잡기와 받기는 왼쪽 안오금띄기를 한 뒤, 바로누우며메치기 기술의 3가지 동작이 끝나면 도복을 정리하고 다시 돌아서서 자연체로 마주선다.

모로누우며메치기기술 YOKO-SUTEMI-WAZA

1. 모로걸기 Yoko-gake

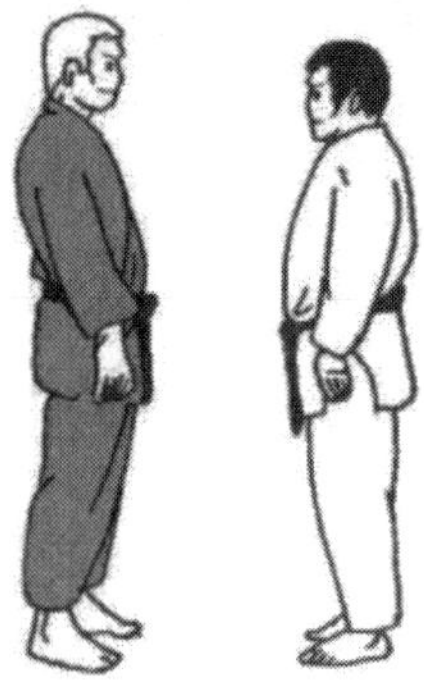

1

잡기와 받기는 내딛기로 서로 다가가 약 60cm 맞잡기 거리에서 멈춘다.

받기가 먼저 잡기를 밀면서 잡고 오른발을 내민다. 잡기는 그만큼 왼발을 뒤로 옮긴다(1보). 같은 방법으로 2보 한다. 이때, 잡기는 왼손으로 받기의 오른팔꿈치를 안쪽으로 밀면서 받기가 오른쪽 앞쪽으로 균형을 잃도록 한다.

2

3

세 번째, 뒤이어딛기에서 잡기는 오른발을 왼발 선상으로 옮기면서 중심을 잡는다.

4

잡기는 왼 다리를 쭉 뻗어 몸을 빼고, 왼쪽 뒤편으로 넘어가면서 왼발 바닥을 받기의 오른 발목 바깥쪽으로 대고 기술을 시도한다.

5

잡기는 왼손으로 받기를 밑으로 잡아당기고 오른손으로 들어 올리면서 메친다.

6

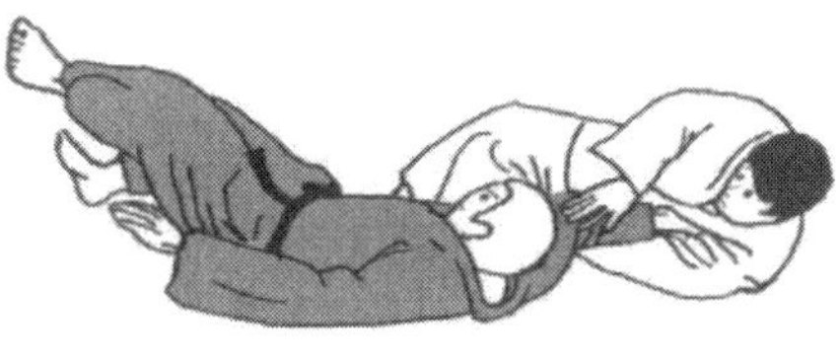

받기는 내 옆에서 뒤로 세게 넘어지고, 본의 중심축에서 봤을 때, 잡기와 받기의 몸은 비스듬히 놓여있다. 잡기는 메치고 나서 상체를 받기 쪽으로 돌려 끝까지 제압한다.

- 잡기와 받기는 동시에 일어나서 왼쪽 기술을 시도한 뒤, 모로돌리기 기술을 하기 위해 마주 선다. 잡기와 받기는 서로 약속된 거리를 유지하며 마주선다.

2. 모로돌리기 Yoko-guruma

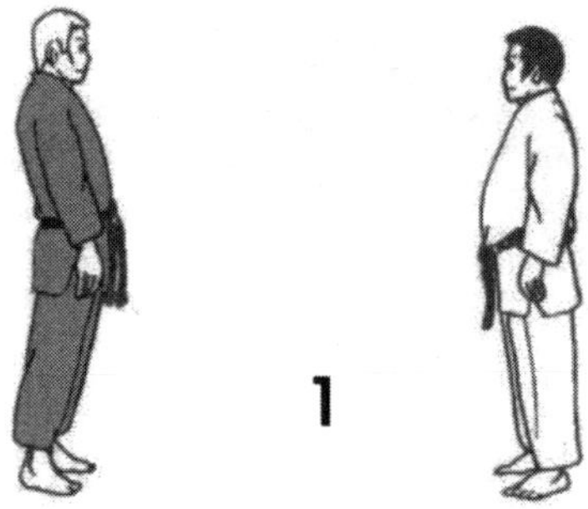

1

2

3

처음 이 기술의 시작동작은 오른쪽 누우면서 던지기와 같다.

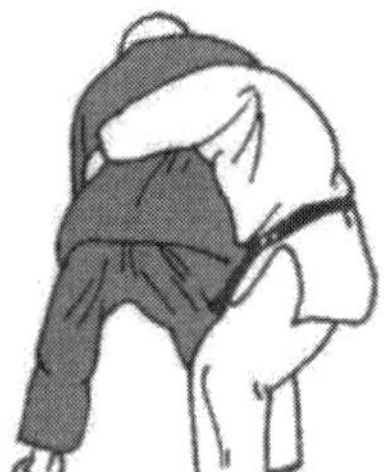

4

하지만 받기가 몸을 약간 앞으로 숙이고 자호체로 공격하므로 잡기는 받기의 새로운 중심축, 특히 받기의 왼쪽 앞을 향한 힘의 방향결정에 따라 대응해야 한다.

5

잡기는 받기의 두 무릎 사이로 가능한 무릎을 쫙 펴면서 오른발을 넣고 받기를 왼손으로 힘껏 끌어당겨 왼쪽으로 돌아 뒤로 넘어진다.

잡기는 왼손으로 잡아당기고 오른손으로 밀면서 받기를 왼쪽 어깨너머로 던진다.

6

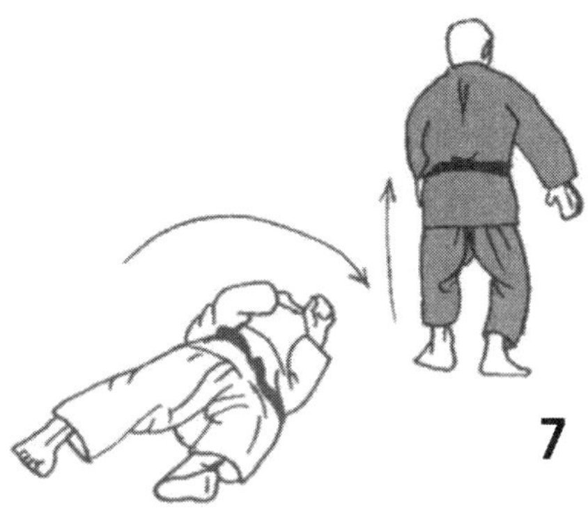

7

받기는 구른 후 바로 일어나며 본의 중심축에서 보면 대각선상에 위치한다.

- 잡기와 받기가 다시 왼쪽 모로돌리기를 하고 난 뒤, 마지막 모로띄기 동작을 위해 약 90cm 정도의 약속된 거리를 두고 다시 마주선다.

3. 모로띄기 Uki-waza

1

2

처음 이 기술의 시작동작은 오른쪽 안오금띄기와 같다.

3

잡기는 자신의 오른팔 뒤쪽으로 받기의 중심을 충분히 기울인다.

받기가 중심을 잃지 않으려 오른쪽으로 오른발을 내밀며 중심을 잡으려 할 때, 잡기는 왼쪽으로 비스듬히 누우면서 받기를 기울이기 동작으로 중심을 무너뜨린다.

4

5

6

잡기가 왼다리를 뻗어 받기의 오른발을 막는 동작을 취하면 받기는 잡기의 왼쪽 어깨를 지나 오른쪽 회전 낙법으로 크게 회전하며 일어선다.

메치기 본의 마무리

잡기와 받기는 왼쪽 모로띄기를 시도한 뒤, 시작위치로 돌아가서 서로 등을 돌리고 도복을 정리한다. 그리고 다시 돌아서서 마주본 후, 오른발로 크게 1보 후퇴한다. 이어 직립자세에서 왼발부터 앉아 인사(좌례)를 한 후, 오른발부터 일어나 상석을 향하여 돌아서서 인사(입례)를 한다. 다시 서로 마주본 뒤, 오른발부터 뒷걸음으로 서서히 퇴장한다.

제 2 장

굳히기 본(KATAME-NO-KATA)

제2장 굳히기 본(KATAME-NO-KATA)

굳히기 본은 누르기 기술, 조르기 기술 그리고 꺾기 기술로부터 각각 대표적인 기술 5가지로 나누어져 있으며 총 15가지로 구분되어 있다. 이 기술을 배움으로서 누르기의 정확한 공격법과 수비법, 그리고 조르기 공격법과 꺾기 공격법 등의 이론과 응용을 몸으로 익힐 수 있는 것이 가능하다.

누르기기술 OSAE-WAZA

결누르기
KESA-GATAME

어깨누르기
KATA-GATAME

위누르기
KAMI-SHIHO-GATAME

가로누르기
YOKO-SHIHO-GATAME

위고쳐누르기
KUZURE-KAMI-SHIHO-GATAME

조르기기술 SHIME-WAZA

외십자조르기
KATA-JUZI-ZIME

맨손조르기
HADAKA-ZIME

안아조르기
OKURI-ERI-ZIME

죽지걸어조르기
KATAHA-ZIME

역십자조르기
GYAKU-JUZI-ZIME

꺾기기술 KANSETSU-WAZA

팔얽어비틀기
UDE-GARAMI

팔가로누워꺾기
UDEHISHIGI-JUZI-GATAME

어깨대팔꿈치꺾기
UDEHISHIGI-UDE-GATAME

무릎대팔꿈치꺾기
UDEHISHIGI-HIZA-GATAME

다리얽어비틀기
ASHI-GARAMI

굳히기 본의 시작

상석에서 볼 때, 잡기는 오른쪽, 받기는 왼쪽에서 들어와 6m 간격 위치 직립자세에서 상석을 향해 인사(입례)를 한 뒤, 마주보고 앉아 정좌를 하여 인사(좌례)를 한다. 다시 잡기와 받기는 동시에 일어나서 왼발부터 크게 1보 나아가 자연체로 마주선다.

그림 1. 시작을 하기 전, 직립 자세로 마주선다.

그림 2. 상석에 인사(입례)를 한다.

그림 3. 정좌를 하여 마주본다.

그림 4. 인사(좌례)를 한다.

그림 5. 왼발부터 크게 1보 나아가 자연체로 마주 선다.

1

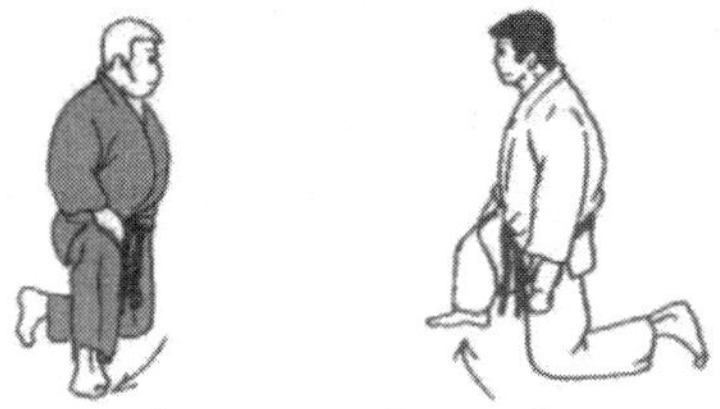

"외무릎 앉은 자세"

2

받기는 오른무릎을 모으고

먼저 1보 앞으로 전진한다

상체는 곧게 펴고 손은 붙인다

다시 받기가 "외무릎 앉은 자세"를 한 다음

3

잡기를 향하여 눕는다

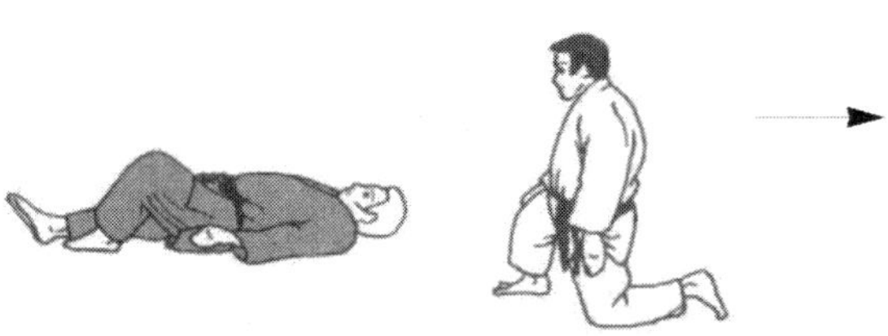

받기는 똑바로 누운 상태에서 왼 무릎을 약간 세우고 있는 자세를 취한다.

3-1 (반대편 모습)

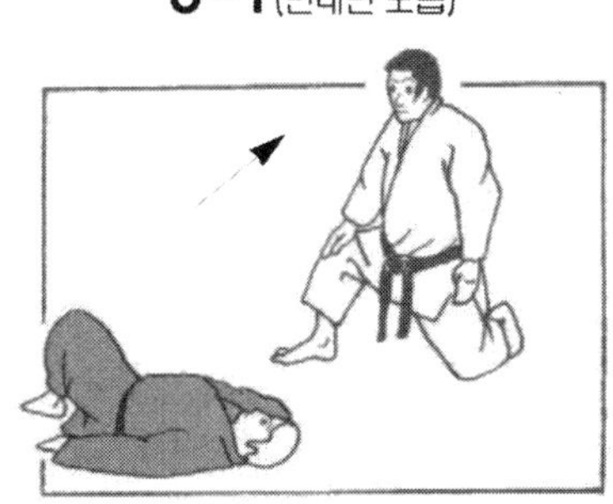

1. 잡기와 받기는 다음과 같은 방법으로 마주 보며 "외무릎 앉은 자세"를 한다. 왼무릎을 굽혀 발뒤꿈치를 들고 발가락으로 지탱하고 오른 무릎을 오른쪽으로 펴는데 허벅지는 왼쪽 허벅지와 수평으로 직각이 되게 한다. 왼팔은 몸을 따라 자연스럽게 내리고 오른손은 무릎에 올려놓는다.

2. 받기는 무릎걸음으로 1보 잡기에게 다가간다. 특히, 잡기는 굳히기 본에서 이러한 무릎 이동을 자주 하게 된다. 잡기는 오른 무릎을 앞쪽으로 가져와 다음과 같이 전진한다. 받기는 왼 무릎을 끌면서 오른 발뒤꿈치 뒤로 옮긴다. "외무릎 앉은 자세"에서 오른발을 다시 벌린다. 이동할 때, 상체는 곧게 펴고 손은 붙인다.

3. 받기가 누울 때, 앞으로 몸을 굽히면서 받기는 손가락을 왼쪽으로 향하게 하면서 오른손을 왼무릎 앞 30㎝ 정도에 놓는다. 받기는 오른다리를 팔과 왼무릎 사이의 왼쪽 안으로 넣으면서 뒤로 눕는다. 받기는 왼다리를 세우고 팔은 몸을 따라 늘어뜨리고 턱은 가슴 쪽으로 붙인다.

받기의 준비 과정

A　　　　　　　　B

A. 이어 잡기는 일어서서 우측으로 30도 가량 방향을 틀어서 왼발부터 내딛기로 전진하여 받기를 향해 "외무릎 앉은 자세"를 취한다.

B. 잡기는 오른 무릎을 모으고 "외무릎 앉은 자세"에서 받기를 향해 무릎걸음으로 2보 전진하여 상대의 오른쪽 옆구리와 30㎝ 간격을 유지한다.

누르기 OSAEKOMI-WAZA

1. 곁누르기 Gesa-gatame

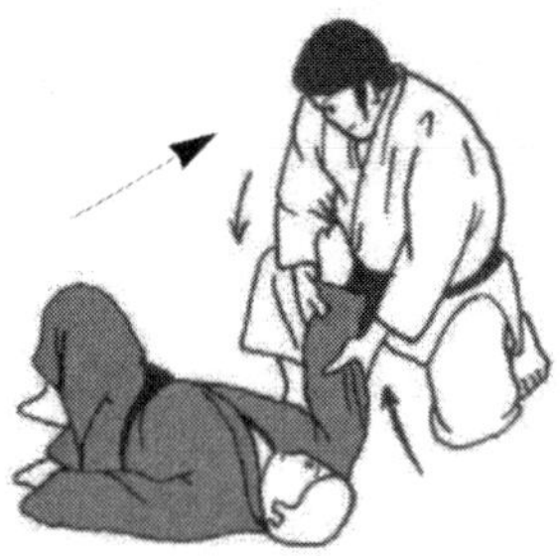

1

잡기는 받기를 향해 조금 더 가까운 거리로 좁혀 다가간다. 이어 양손으로 받기의 오른팔을 잡는다(왼손은 엄지를 제외한 네 손가락을 아래를 향하게 하여 팔꿈치 소매를 잡고, 오른손은 엄지손가락은 위를 향하게 하여 팔의 아래쪽을 잡는다).

잡기는 받기의 팔을 끌어올리면서 왼팔을 바깥쪽으로 돌려서 받기의 소매 안쪽을 잡고, 그 팔을 왼쪽 겨드랑이 쪽으로 끌어당겨 왼팔로 받기의 팔뚝을 저지한다.

2

3

잡기는 받기 위로 몸을 굽혀, 받기의 왼쪽 겨드랑이 밑으로 오른손을 넣어 기댄다. 잡기는 받기의 오른팔을 내 쪽으로 단단히 잡는다. 잡기는 왼쪽으로 몸을 돌려 오른 무릎을 받기의 오른쪽 겨드랑이에 넣는다. 잡기의 오른쪽 허벅지는 허리에서 무릎까지 받기의 오른쪽 옆구리와 맞닿아있다.

잡기는 받기의 가슴을 누르고 무릎을 벌리면서 곁누르기를 한다. 잡기의 왼 다리는 뒤로 가고 오른 다리는 앞으로 뻗어 무릎을 굽힌다. 늑골(갈비뼈) 측면제압 시간을 유지한다. 이것이 받기에게 신호가 된다, 이때 받기는 첫 번째로 자신의 왼손으로 오른손을 잡고 잡기의 왼쪽 팔꿈치 뒤쪽을 잡으면서 공간을 만든다. 두 번째로 첫 번째 동작의 연속으로 오른쪽 무릎 넣기를 시도한다. 마지막 잡기의 왼쪽 방향으로 뒤집기까지 총 세 가지 동작으로 빠져나오기를 시도하지만 여의치 않으므로 두 번 손으로 항복 신호를 보낸다.

4

5

잡기는 제압을 풀고 왼 무릎부터 일으킨다. 잡기는 오른 무릎을 뒤로 옮기고, 두 손으로 누워 있는 받기의 오른팔을 처음 상태로 가지런히 놓는다. 잡기는 오른 무릎을 세워 가까운 거리에서 먼 거리 "외무릎 앉은 자세"로 물러난다.

- 주의 : 받기는 각 누르기 동작에서 세 가지 빠져나오는 동작을 취하고 잡기는 그로 인해 받기가 빠져나오지 못하도록 제압할 수 있는 동작을 취해야만 한다. 그리고 모든 굳히기 동작에서 받기는 잡기의 몸이나 혹은 바닥을 손으로 2번 연속해서 치는 것으로 만약 손을 이용하기 어려운 상황이라면 발을 이용하여 항복 신호를 보내야만 한다.

2. 어깨누르기 Kata-gatame

1. 가까운 거리에서 잡기는 오른 무릎을 접어 받기의 옆구리(띠 높이)에 오른발을 끌고 간다. 잡기는 두 손으로 받기의 오른팔(팔꿈치 높이)을 들어 올린다.

1

2. 왼손은 받기의 오른쪽 어깨를 받치고, 팔꿈치에 있는 오른손은 받기의 팔을 얼굴을 가로질러 왼쪽 귀 방향으로 민다.

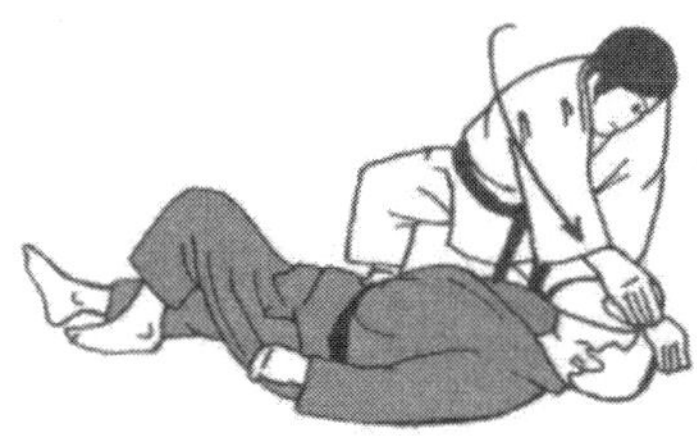

2

3. 잡기는 오른쪽으로 몸을 돌리면서 오른 무릎을 받기의 허리에 댄다.

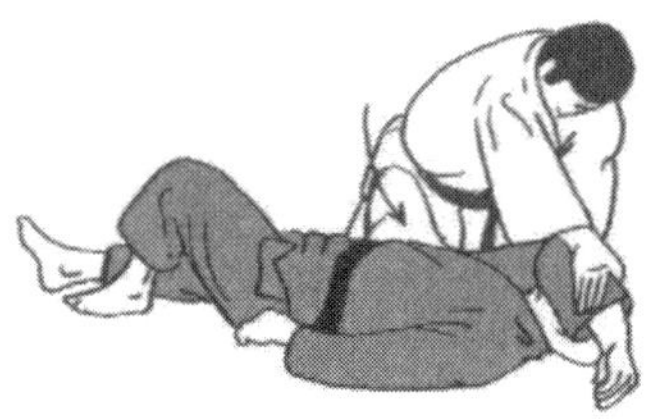

3

4. 잡기는 오른팔을 받기의 목둘레로 넣어 목덜미를 감싸면서 오른손과 왼손바닥을 맞잡고, 머리는 받기의 오른팔에 붙이고, 왼 다리를 뻗어 발을 바닥에 붙이면서 (오른발가락은 치켜들고) 제압한다. 잡기는 온몸으로 제압한다.

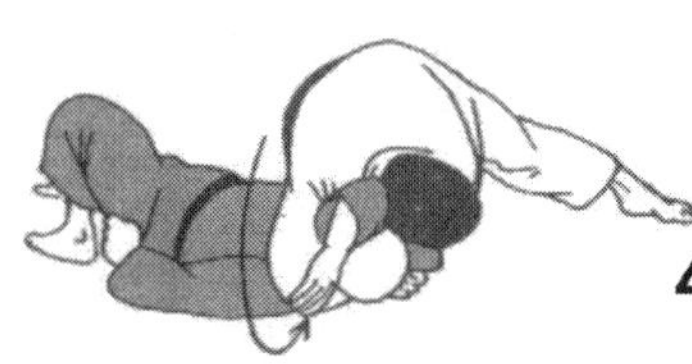

4

5. 이때 받기는 첫 번째로 오른 주목을 왼쪽 손바닥으로 감싸고 밀어내면서 공간을 만든다. 두 번째로 몸을 오른쪽으로 돌려 오른쪽 무릎을 잡기의 허리 안쪽으로 집어넣기 시도를 한다. 마지막으로 받기는 왼쪽 어깨 방향으로 몸을 일으키려고 하지만 여의치 않으므로 두 번 손으로 두드려 항복 신호를 보낸다.

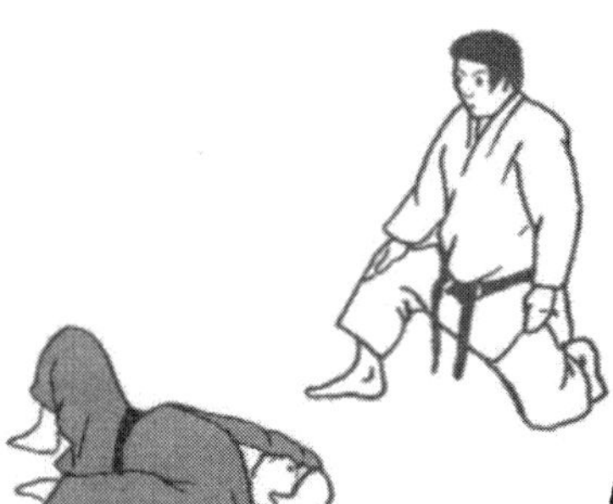

5

3. 위누르기 Kami-shiho-gatame

- 준비 이동 : 잡기는 "외무릎 앉은 자세"에서 무릎걸음으로 2보 물러난다(가까운 거리에서 먼 거리로). 잡기는 일어나서 받기 몸의 축 뒤로 가서 1m 50㎝ 정도 거리를 두고 "외무릎 앉은 자세"를 한다.

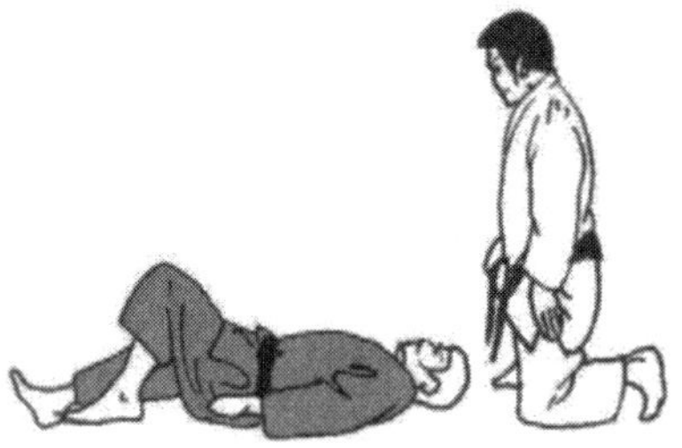

1

1. 잡기는 무릎걸음으로 2보 다가가서 가까운 거리 "외무릎 앉은 자세"를 한다.

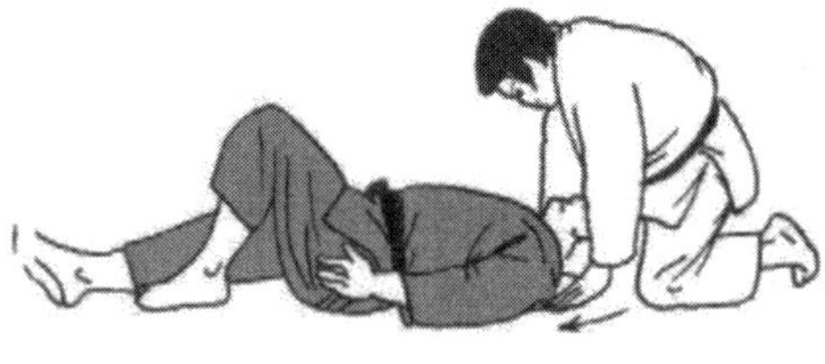

2

2. 잡기는 받기의 얼굴에서 코를 수직으로 한 이 자세에서 조금 더 다가가다가, 오른무릎을 왼쪽과 나란히 놓는다. 잡기는 몸을 앞으로 굽혀 받기의 어깨 밑으로 손을 넣어 양쪽에서 띠를 잡는다.

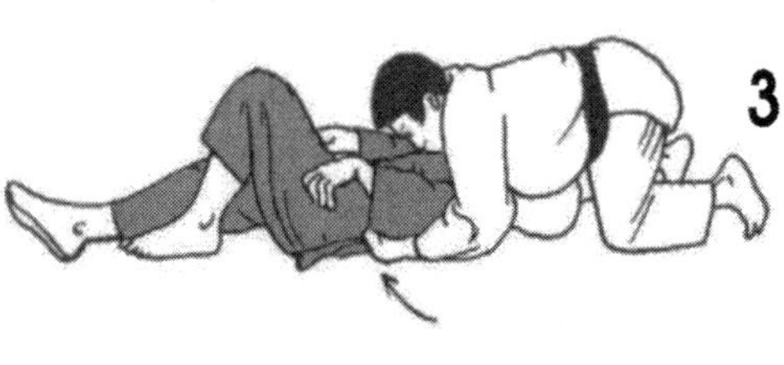

3

3. 잡기는 가슴을 받기의 오른쪽 얼굴위에 밀착하여 무릎을 벌리고, 팔꿈치를 당기면서 허리를 낮추고 누른다(뒤 흉골 제압).

4. 이때 받기는 첫 번째로 한쪽 팔로 수비의 목을 감싸고 단숨에 반대쪽으로 뒤집기를 시도한다. 두 번째로 잡기의 겨드랑이 아래쪽 방향으로 한쪽 손을 집어넣으면서 몸을 비틀어 뒤집으려 한다. 마지막으로 발과 무릎을 이용하여 잡기를 들어서 밀어내려 하지만 여의치 않으므로 두 번 두드려 항복 신호를 보낸다.

4

5. 그리고 잡기는 가까운 거리에 "외무릎 앉은 자세"를 한다.

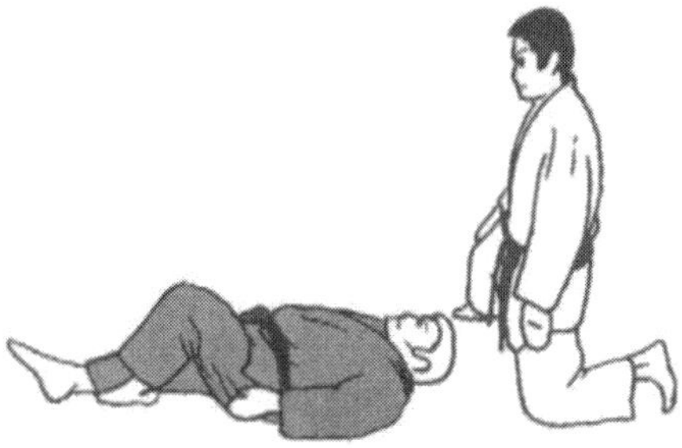

5

4. 가로누르기 Yoko-shiho-gatame

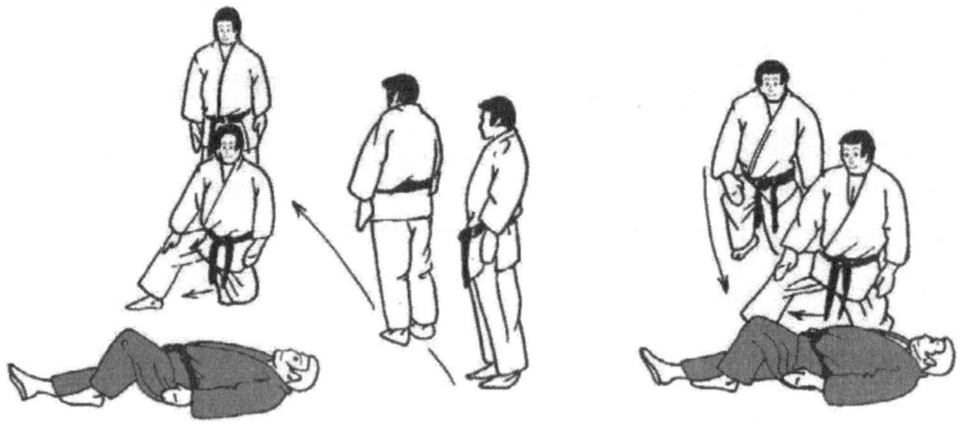

A B

• 준비 이동 : 잡기는 받기의 몸의 축에서 무릎걸음으로 2보 물러나 "외무릎 앉은 자세"를 한다(가까운 거리에서 먼 거리로). 잡기는 일어나서 받기와 직각이 되게 이동하여 약 1m 50cm 거리, 먼 거리 "외무릎 앉은 자세"를 한다. 다시 오른 무릎을 모으고 무릎걸음으로 2보 앞으로 전진하여 30cm 근거리에 "외무릎 앉은 자세"를 한 뒤, 잡기와 더욱 가까운 거리로 다가간다.

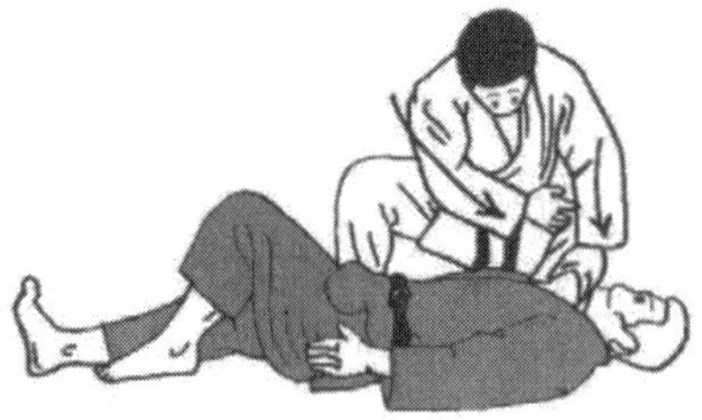

1

잡기는 두 손으로 받기의 오른팔을 잡아 받기의 오른팔과 몸이 직각이 되도록 내려놓는다.

잡기는 오른발로 더 다가가 몸을 굽히고 오른 무릎을 받기에게 낮추면서 받기의 두 다리 사이와 왼쪽 허벅지 밑으로 오른손을 넣어 받기의 띠를 꽉 움켜쥔다.

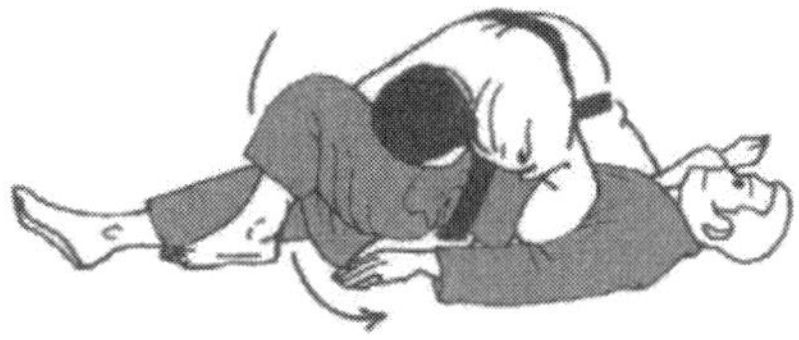

2

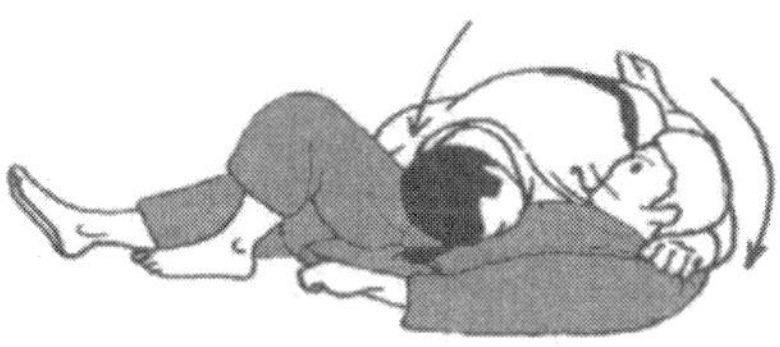

3

잡기는 몸을 더 많이 낮추고, 머리는 왼쪽으로 돌리고, 무릎은 받기의 오른쪽 옆구리를 따라 벌리면서 가슴으로 받기의 가슴을 누른다. 그와 동시에 잡기는 왼손에 잡은 것을 놓고, 받기의 목덜미를 지나 왼 깃을 잡는다(엄지는 안쪽으로). 잡기는 발가락을 펴고 완전히 제압한다.

이때 받기는 첫 번째로 왼손을 이용하여 잡기의 왼쪽 목에 대고 그 위에 왼쪽 다리로 잡기를 밀어내는 시도를 한다. 두 번째로 허리를 비틀어서 오른쪽 무릎을 잡기의 몸 아래 부분으로 집어넣는 시도를 하고 마지막에는 왼손으로 잡기의 뒤쪽 도복 띠를 잡고 크게 뒤집기 시도를 하지만 여의치 않으므로 두 번 두드려 항복 신호를 보낸다.

4

5

그리고 잡기는 가까운 거리에 "외무릎 앉은 자세"를 한다.

5. 위고쳐누르기 Kuzure-kamishiho-gatame

- 준비 이동 : 잡기는 위누르기 기술에서처럼 받기의 머리 뒤에서 "외무릎 앉은 자세"를 한다.

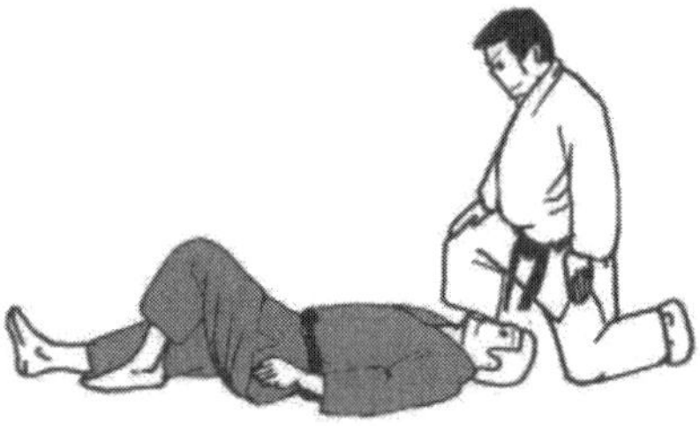

1

잡기는 무릎걸음으로 2보 전진하여 가까운 거리 "외무릎 앉은 자세"를 한다. 잡기는 받기의 오른쪽 어깨 가까이 오른쪽으로 약 15도 정도 이동하여 위치를 바꾼다.

잡기는 두 손으로 받기의 오른팔을 옆으로 들어 올린다.

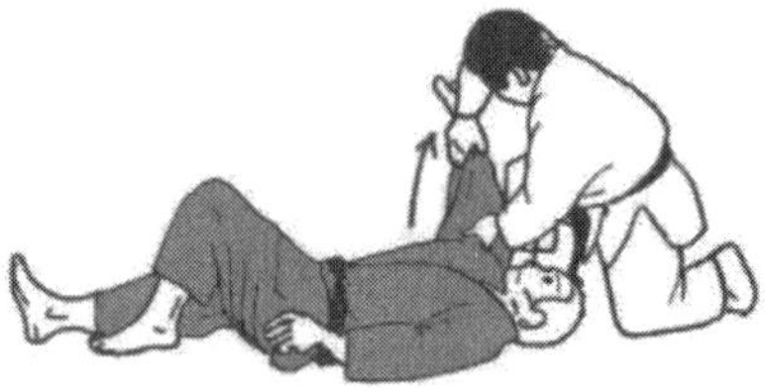

2

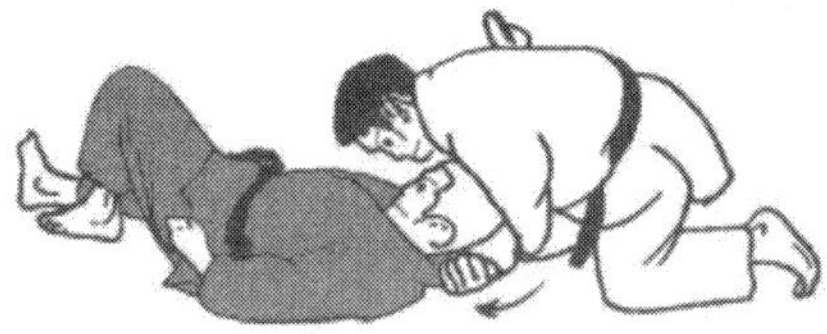

3

잡기는 오른손으로 잡은 것을 놓고, 받기의 오른팔을 감으면서 엄지만 바깥으로 하면서 깃 뒤를 잡는다. 이 동작을 위해 잡기는 오른 무릎을 바닥에 댄다.

잡기는 받기의 왼쪽 어깨 밑으로 왼손을 넣어 왼쪽 옆구리의 띠를 잡고(엄지는 안으로), 오른팔을 오른쪽 겨드랑이 밑으로 끌어당겨 오른쪽 무릎 위에 올리고, 잡기는 왼쪽 옆얼굴을 받기의 복부에 대고 허리를 낮추고 몸으로 누른다.

4

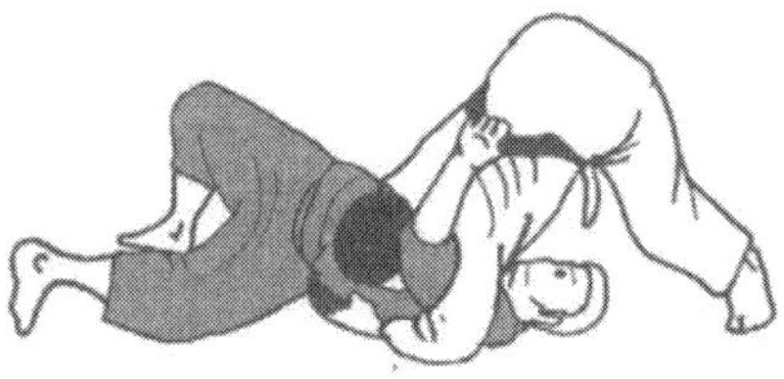

5

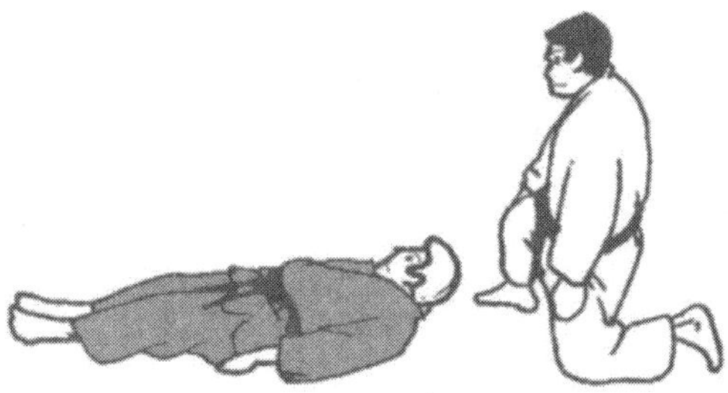

6

이때 받기는 왼손을 잡기의 목에 대고 몸을 비틀어 오른손을 빼고 오른쪽 방향으로 틀어 돌기를 시도한다. 두 번째로는 왼손을 잡기의 목 부분에 압박을 가하며 그 공간사이로 왼쪽 무릎을 집어넣기를 시도한다. 마지막으로 왼손으로 잡기의 뒤쪽 도복 띠를 잡으면서 반동을 주어 좌측으로 뒤집기를 시도하지만 여의치 않으므로 두 번 두드려 항복 신호를 보낸다. 상대의 머리 뒤에서 잡기는 가까운 거리에 "외무릎 앉은 자세"를 한다.

- 잡기가 두 번 물러나서 먼 거리 "외무릎 앉은 자세"를 하면, 받기는 왼 무릎을 굽히면서 몸을 일으키고, 오른손을 받치고, 오른발 오른쪽 앞으로 돌아 "외무릎 앉은 자세"로 잡기와 마주한다. 잡기와 받기는 누르기 기술의 5가지 동작을 끝맺는 이 자세에서 도복을 정리한다.

조르기 SHIME-WAZA

1. 외십자조르기 Kata-juzi-zime

• 준비 이동 : 잡기와 받기는 첫 번째 동작을 다시 한다. 잡기는 누워있는 받기의 오른쪽 옆에서 먼 거리 "외무릎 앉은 자세"를 한다.

1

잡기는 가까운 거리 "외무릎 앉은 자세"를 한다.

잡기는 두 손으로 받기의 오른손목을 잡아 팔을 들어 받기의 몸의 중심축에 직각이 되게 벌린다. 잡기는 오른손으로 받기의 왼 깃을 잡아당기면서 왼손(네 손가락은 안으로)으로 깃에서 가장 위쪽을 잡는다.

2

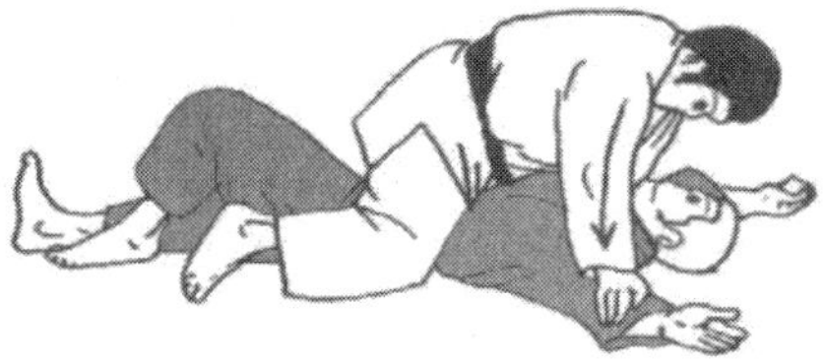

3

잡기는 오른손으로 받기의 왼팔을 벌리면서 오른 무릎을 넘겨, 받기 위에 걸터앉는다.

잡기는 오른손으로(엄지는 안으로) 반시계 방향으로 원을 그리며 받기의 오른 깃을 잡는다.

4

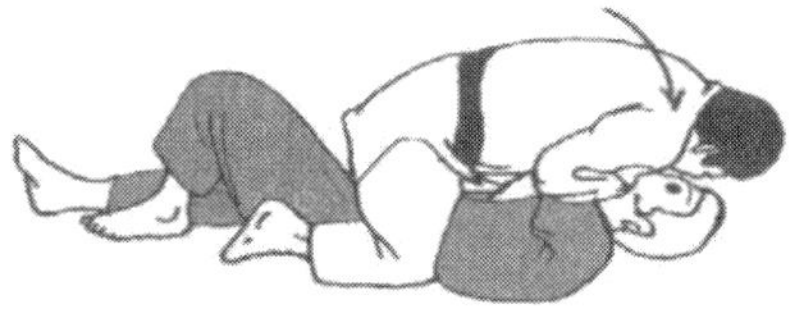

5

이어 잡기는 무릎으로 받기의 허리를 조르면서 왼손을 잡아당기고 오른손으로 받기의 "목(제1 윤상연골)"을 밀면서 몸을 앞으로 굽힌다.

받기는 잡기의 팔을 밀쳐보지만 여의치 않아 항복 신호를 보낸다. 그 즉시 잡기는 잡았던 것을 풀고 일어나서 받기의 팔을(왼쪽부터) 몸을 따라 가지런히 놓고 가까운 거리에 "외무릎 앉은 자세"를 한다.

6

2. 맨손조르기 Hadaka-zime

- 준비 이동 : 잡기는 위누르기 동작처럼, 일어나 받기의 머리 위쪽으로 이동한다. 이때 동시에 받기는 상체를 세우고 잡기는 받기 뒤, 먼거리 "외무릎 앉은 자세"를 한다.

1

1-1 (반대편 모습)

잡기는 받기 뒤에서 무릎걸음으로 2보 나아가 가까운 거리 "외무릎 앉은 자세"를 한다.

2

잡기는 좀 더 가까운 거리로 받기에게 다가가 받기의 목(제1 윤상연골)에 오른 팔뚝 안쪽을 갖다 대고, 왼손과 오른손바닥을 맞잡아 받기의 왼쪽 어깨 위로 두 손을 꽉 쥔다.

3

3-1 (앞에서 본 모습)

잡기는 받기의 왼쪽 옆에 오른쪽 옆머리를 들이대면서 받기가 뒤 균형을 잃도록 오른손으로 당기고 왼손으로 조르면서 왼 무릎을 뒤로 옮긴다.

받기는 빠져나가려고 애쓰지만, 소용이 없자 발로 두 번 매트바닥을 치면서 항복 신호를 보낸다. 잡기는 그 즉시 손을 풀고 일어나 뒤로 약간 물러나 가까운 거리에 "외무릎 앉은 자세"를 한다.

4

3. 안아조르기 Okuri-eri-zime

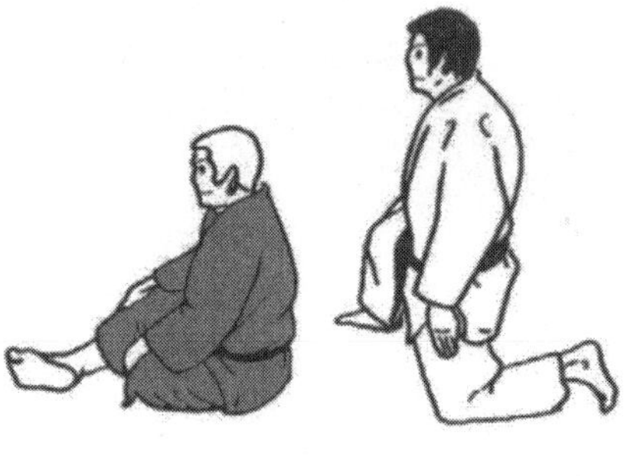

1

1-1 (반대편 모습)

잡기는 "외무릎 앉은 자세"에서 다시 받기와 좀 더 가까운 거리로 다가간다.

2

잡기는 받기의 등에 오른 무릎을 대고, 왼손을 팔 밑으로 넣어 왼 깃을 잡아 끌어당긴다.

본의 앞의 기술에서처럼, 잡기는 오른 팔뚝을 받기의 목(제1 윤상연골)에 대고, 오른손은 받기의 왼 깃을 가능한 한 높이 잡는다(엄지는 깃 안으로).

3

4

4-1 (앞에서 본 모습)

잡기는 먼저 잡았던 왼손을 놓으면서 받기의 오른 깃을 같은 높이로 잡는다(엄지는 도복 안으로). 앞에서처럼, 잡기는 왼 무릎으로 물러나면서 오른손을 위로 끌어당기고, 왼손으로 밑으로 누르면서 조른다. 잡기는 받기의 머리에 머리를 맞대고, 몸을 약간 오른쪽으로 돌린다.

5

받기의 항복 신호 후, 잡기는 잡은 것을 풀고 몸을 일으켜 약간 뒤로 물러나며 가까운 거리 "외무릎 앉은 자세"를 하고, 받기는 그대로 있다.

4. 죽지걸어조르기 Kataha-zime

1

1-1 (반대편 모습)

잡기는 가까운 거리 "외무릎 앉은 자세"에서 좀 더 가까운 거리로 다가간다.

2

잡기는 오른 무릎을 받기의 등에 대고, 앞의 기술에서처럼 먼저 받기의 깃을 잡는다.

잡기는 몸을 일으켜, 받기의 왼팔을 들어올리기 위해 왼손에 잡았던 것을 놓으면서 오른팔로 뒤 균형을 잃게 한다.

3

4 5

같은 동작에서 잡기는 왼손을 받기의 목덜미에 넣어 오른쪽 어깨쪽으로 가능한 한 멀리 잡는다. 잡기는 오른쪽으로 상체를 틀면서 왼손으로 밀고 오른손으로 잡아당기면서 공격을 시도한다. 받기는 두 손을 맞잡고 잡기의 공격을 빠져나가려 한다.

받기의 항복 신호 후, 잡기는 잡았던 것을 놓고 몸을 일으켜 가까운 거리 "외무릎 앉은 자세"를 하고, 받기는 그대로 있다.

6

5. 역십자조르기 Gyaku-juzi-zime

• 준비 이동 : 잡기는 무릎걸음으로 2보 물러나 먼 거리 "외무릎 앉은 자세"를 하고 다시 일어나 받기의 오른쪽 먼 거리 "외무릎 앉은 자세"를 한다. 이때, 받기는 다시 눕는다.

1

잡기는 2보 전진하여 가까운 거리 "외무릎 앉은 자세"를 한 뒤, 좀 더 가까운 거리로 다가간다.

잡기는 "외십자조르기"와 같은 방법으로 처음을 시작한다.

2

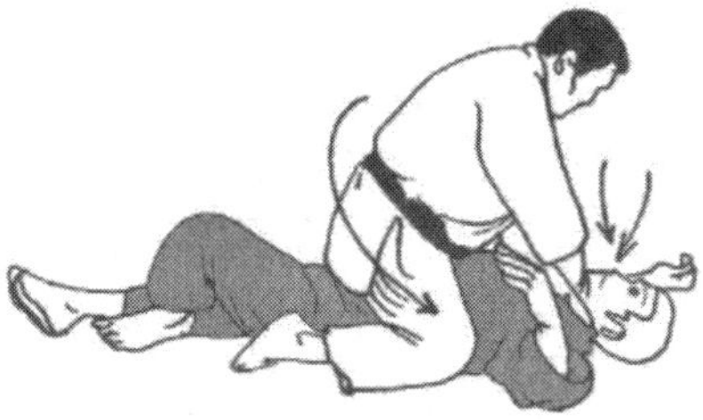

3

차이점은 오른손으로 받기의 깃 오른쪽을 네 손가락이 도복 안으로 향하게 잡는 것이다.

잡기는 받기를 누르기 위해 몸을 앞으로 굽히면서 조른다.

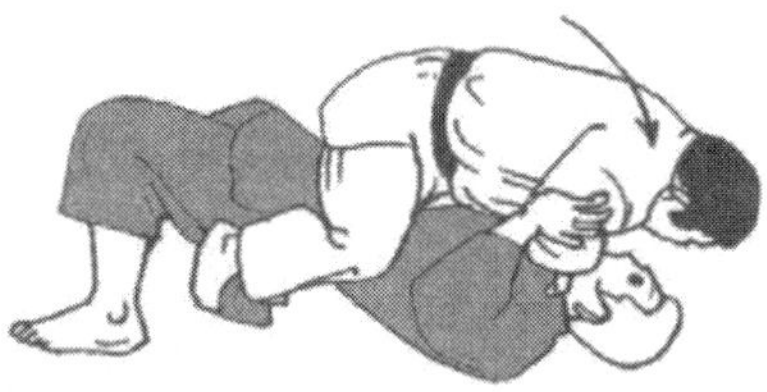

4

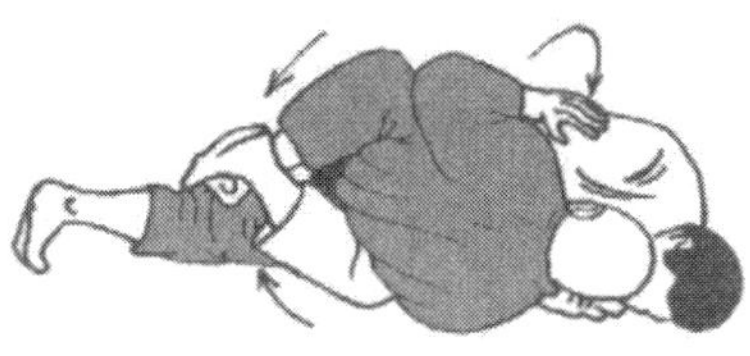

5

받기는 왼손으로 잡기의 오른 팔꿈치를 밀고 오른쪽 옆으로 돌면서 저항하려고 한다. 잡기는 두 다리로 받기를 조르고 양다리를 띠 높이 뒤로 교차하여 받기를 가둔 상태에서 자신 쪽으로 끌어당기고 손을 밖으로 향하면서 계속 조른다.

- 받기의 항복 신호 후, 받기를 풀어주고, 일어나서 가까운 거리의 "외무릎 앉은 자세" 한다.
- 잡기는 먼 거리에 "외무릎 앉은 자세"를 위해 2보 물러난 뒤, 일어나서 받기의 머리 위쪽으로 되돌아와 먼거리 "외무릎 앉은 자세"를 한다. 이때, 받기는 상체를 세우고 곧바로 "외무릎 앉은 자세"를 한다. 잡기와 받기는 조르기 기술의 5가지 동작을 끝맺는 이 자세에서 도복을 정리한다.

꺾기기술 KANSETSU-WAZA

1. 팔얽어비틀기 Ude-garami

A

B

- 준비 이동 : 잡기와 받기는 첫 번째 동작을 다시 시작한다. 잡기는 누워있는 받기의 오른쪽 옆에서 먼거리 "외무릎 앉은 자세"를 한다.

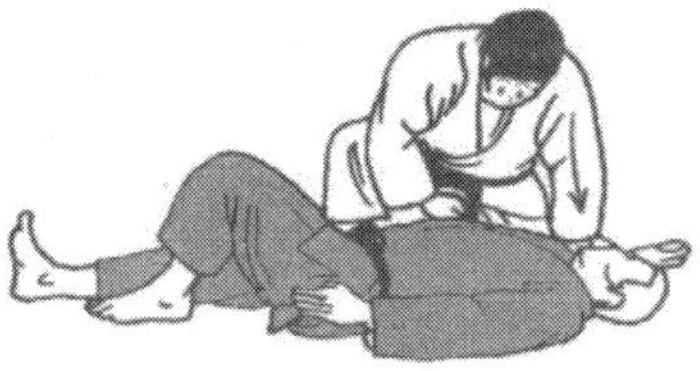

1

잡기는 가까운 거리 "외무릎 앉은 자세"에서 더 가까이 다가가 앞의 기술에서처럼 받기의 팔을 벌린다.

이때, 받기는 잡기의 깃을 잡으려는 듯 잡기를 향해 왼손을 들어올린다. 잡기는 왼 팔뚝을 내밀어 받기의 왼 손목을 잡으면서 손바닥은 받기 쪽으로, 엄지는 아래로 막는다.

2

3

잡기는 오른 무릎을 바닥에 대면서 받기 위로 몸을 굽혀, 왼 팔꿈치가 매트에 닿을 때까지 받기의 왼팔을 오른쪽 모퉁이 쪽으로 구부리고 손목은 받기의 왼쪽 어깨 가까이 오게 하면서 잡은 것을 끌어내린다. 잡기는 받기의 굽힌 팔 밑으로 오른손을 넣어 자신의 왼 손목을 위에서 잡는다.

잡기는 연결된 동작으로 가슴으로 누르면서 받기의 팔을 약간 들어 올리면서 잡은 것을 끌어당긴다.

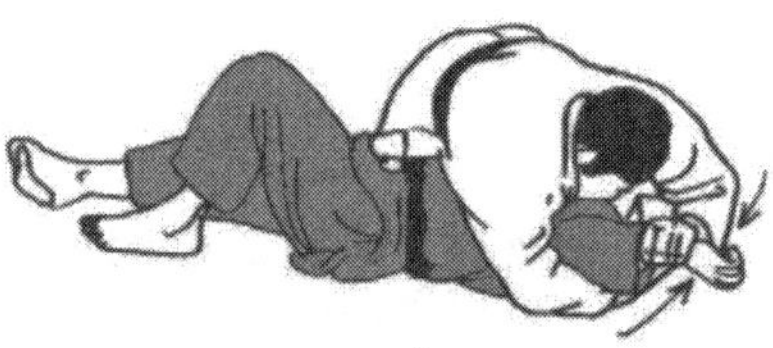

4

5

받기의 항복 신호 후, 잡기는 잡은 것을 풀고 받기의 팔을 제자리에 놓고 몸을 일으켜 가까운 거리에 "외무릎 앉은 자세"를 한다.

2. 팔가로누워꺾기 Udehishigi-Juzi-gatame

1

잡기는 가까운 거리에 “외무릎 앉은 자세”에서 더 가까이 다가간다.

받기가 오른팔을 들어 잡기의 윈 깃을 잡으려고 할 때, 잡기는 받기의 옆구리 쪽으로 오른발을 내민다. 받기가 잡기의 윈 깃을 잡기 전에, 잡기는 오른손으로 받기의 손목을 잡고 왼손으로 그 밑을 받치며 받기의 팔을 위쪽으로 당긴다.

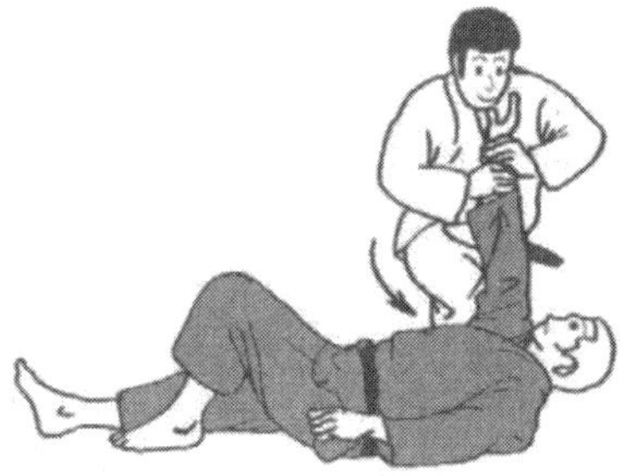

2

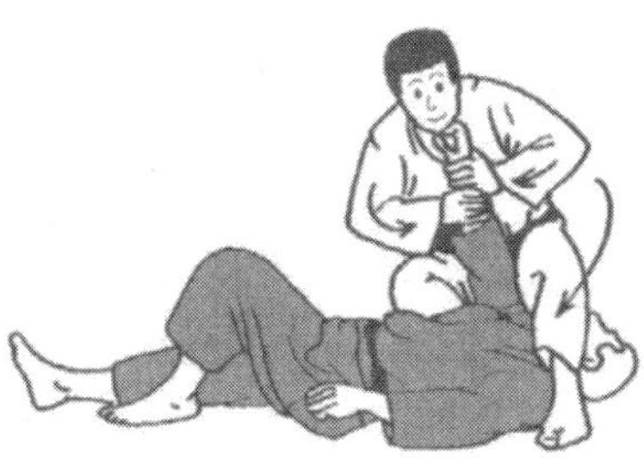

3

잡기는 그대로 잡은 채 몸을 앞으로 굽히면서 윈 다리를 받기의 얼굴 위로 들어서 왼쪽 어깨 위에 발을 붙인다.

잡기는 받기와 가까이 앉아 잡은 팔을 펴면서 뒤로 누우며 무릎을 조이고 상체를 뒤로 젖혀 받기의 팔꿈치 관절을 저지한다. 또한 왼 다리로 받기의 머리를 제압한다.

4

5

받기는 왼쪽으로 틀면서 빠져나가려 시도하지만 곧 항복 신호를 보낸다. 잡기는 일어나 받기의 팔을 제자리에 놓은 후, 가까운 거리 “외무릎 앉은 자세”를 한다.

3. 어깨대팔꿈치꺾기 Udehishigi-ude-gatame

1

잡기는 가까운 거리에 "외무릎 앉은 자세"에서 좀 더 가까이 다가가 시작한다.

잡기는 받기의 옆구리 쪽에 오른발을 내밀고, 두 손으로 받기의 오른팔을 받기와 직각이 되게 벌린다.

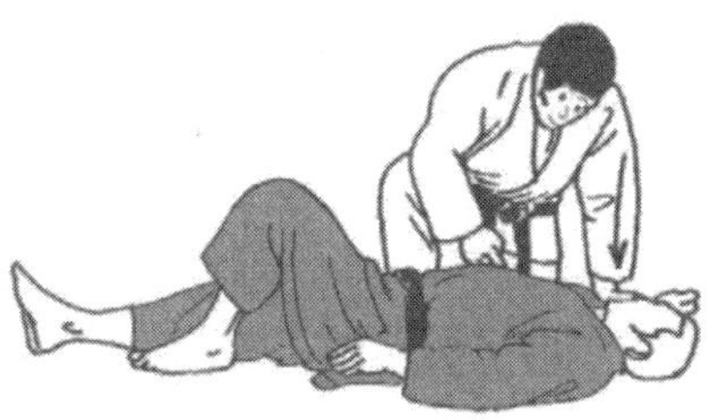

2

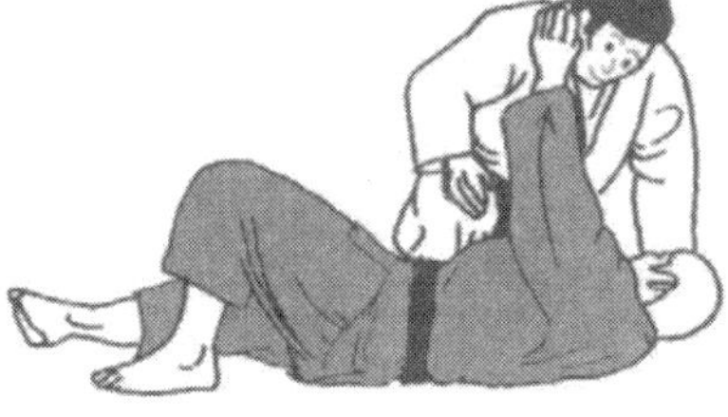

3

받기는 오른쪽으로 약간 몸을 돌려 왼손으로 잡기의 오른 깃을 잡으려고 한다.

잡기는 몸을 약간 앞으로 숙여, 받기의 팔꿈치 바깥쪽에 오른손을 올려놓으면서 받기의 팔뚝을 목과 오른쪽 어깨에 대고 저지한다. 잡기는 왼손을 오른손 등에 올려놓고, 오른 무릎으로 받기의 복부를 제압하며 저지한다.

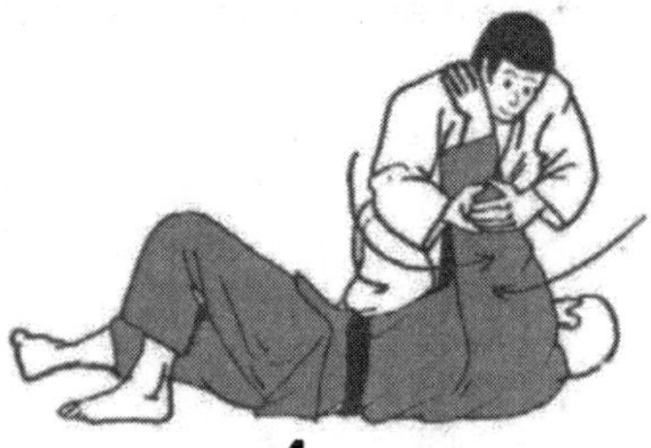

4

5

잡기는 몸을 일으키고 왼쪽으로 틀면서 받기의 뻗은 팔을 가슴 쪽으로 붙여 꺾기를 시도한다.

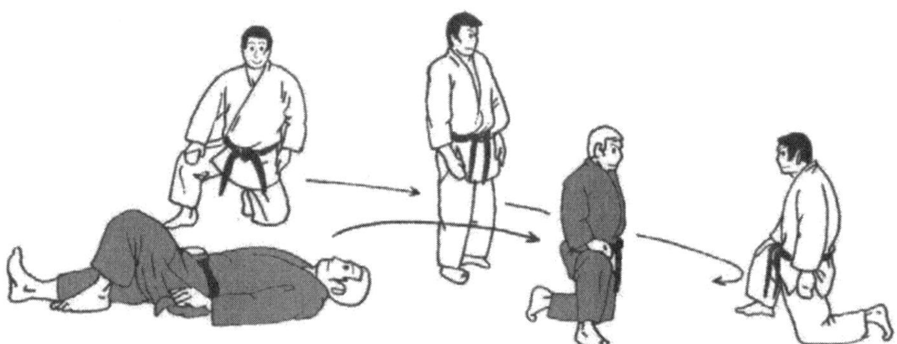

6

받기의 항복 신호 후, 잡기는 받기의 팔을 제자리에 놓고 가까운 거리 "외무릎 앉은 자세"를 한 뒤, 일어나 받기의 머리 위쪽으로 이동한다.

- 잡기가 이동할 때, 받기는 상체를 세우고 "외무릎 앉은 자세"를 한다. 이어 잡기와 받기는 서로 마주 보고 "외무릎 앉은 자세"를 취한다.

4. 무릎대팔꿈치꺾기 Udehishigi-hiza-gatame

1

잡기와 받기는 먼 거리 "외무릎 앉은 자세"로 시작한다.

잡기만 무릎걸음으로 2보 전진한다.

2

3

이어 선 자세의 맞잡기처럼 깃과 소매를 맞잡을 수 있는 거리가 될 때까지 서로 좀 더 가깝게 다가간다.

4

5

잡기는 왼손에 잡은 것을 놓고, 왼손을 안쪽에서 바깥쪽으로 감아 오른 소매(팔꿈치 높이)를 바깥에서 잡으면서 왼쪽 겨드랑이로 받기의 오른손목을 저지한다.

잡기는 받기의 앞 균형을 잃게 하면서 오른발 끝을 받기의 왼쪽 무릎에 받치고, 오른쪽 엉덩이를 대고 비스듬하게 눕는다.

6

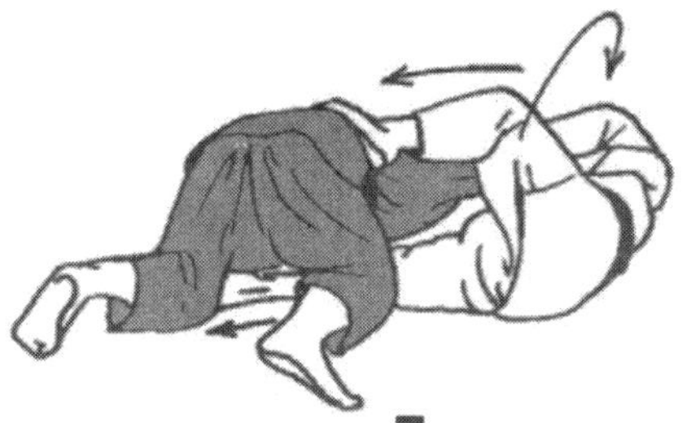

7

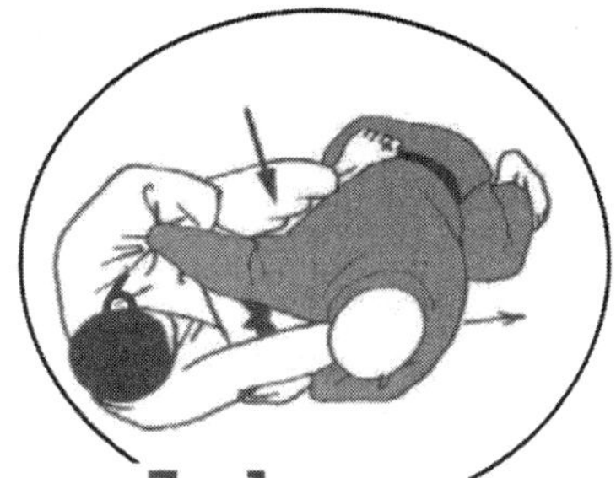

7 - 1 (윗쪽에서 볼 때)

잡기는 받기의 오른 팔꿈치를 잡기 왼손 바로 위쪽을 왼 무릎으로 밀면서 오른발로 밀어 받기의 중심을 무너트린다. 잡기는 허리를 오른쪽으로 틀고, 받기를 오른발로 막으면서 잡기 위로 끌어당겨 꺾기를 시도한다. 받기의 항복 신호 후, 잡기와 받기는 다시 "외무릎 앉은 자세"로 마주한다.

- 잡기와 받기는 이 기술의 시작 자세에서 일어나 자연체로 마주 선다.

5. 다리얽어비틀기 Ashi-garami

1

잡기와 받기는 자연체 동작에서 동시에 오른발을 내밀며 서로 맞잡는다.

잡기는 배대뒤치기 기술을 시도한다.

2

받기는 무게중심을 낮추면서 내민 오른발로 중심을 잡으면서 잡기를 끌어당기려 한다.

3

그 즉시 잡기는 오른쪽으로 몸을 틀어, 왼다리로 받기의 오른쪽 허벅지를 바깥쪽에서 뒤틀면서 대응한다. 잡기는 받기의 오른쪽 무릎에 왼발을 받치고 민다. 그와 동시에 잡기는 오른발 끝을 받기의 배에서 왼쪽 허벅지 안쪽으로 옮겨 뒤로 밀어 받기의 다리를 벌린다. 더 효과적으로 끌어당기기 위해 오른손을 받기의 왼 깃에서 오른 깃으로 옮기면서 끌이당기며 꺾는다.

4

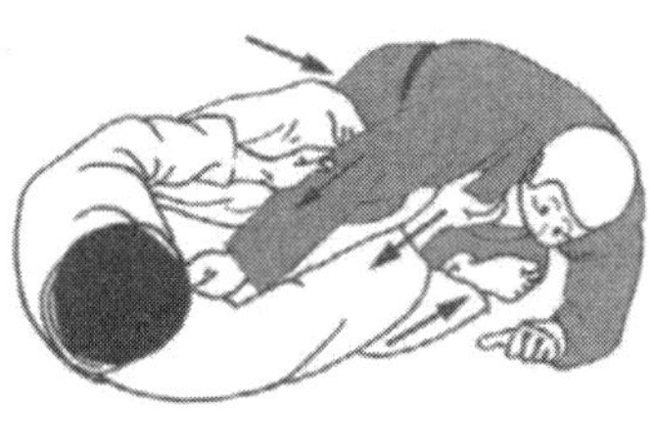

5

6

받기의 항복 신호 후 잡기는 잡은 것을 놓고, 받기와 마주 보며 "외무릎 앉은 자세"를 한다.

- 잡기와 받기는 꺾기 기술의 5가지 동작을 끝맺는 이 자세에서 도복을 정리한다.

굳히기 본의 마무리

잡기와 받기는 "외무릎 앉은 자세"에서 뒷걸음으로 물러난다(잡기가 먼저 2보하고 나면 받기가 1보 한다). 잡기와 받기는 도복을 정리하고, 일어서서 오른발부터 크게 뒤로 1보 물러난 뒤, 다시 매트중앙 6m 정도 거리를 두고 직립자세에서 마주 선다. 잡기와 받기는 다시 앉은 자세에서 인사(좌례)한 후, 일어나서 상석을 향해 인사(입례)를 한 뒤, 뒷걸음으로 서서히 퇴장한다.

제 3 장

부드러운 본(JU-NO-KATA)

제3장 부드러운 본(JU-NO-KATA)

부드러운 본은 공격방어의 방법을 완만한 움직임으로 힘과 표현, 그리고 교육적으로 구성되어있으며, 제 1교부터 제 3교까지 각 5본의 총 합계 15본의 기술로 구성되어 있다.

제1교 DAI-IKKYO

내찌르기 TUSKI-DASHI	어깨밀기 KATA-OSHI	두손잡기 RYOTE-DORI
어깨올리기 KATA-MAWASHI	턱밀기 AGO-OSHI	

제2교 DAI-NIKYO

내려베기 KIRI-OROSHI	두어깨누르기 RYOKATA-OSHI	빗치기 NANAME-UCHI
외손잡기 KATATE-DORI	외손들기 KATATE-AGE	

제3교 DAI-SANKYO

띠잡기 OBI-TORI	가슴밀기 MUNE-OSHI	턱치기 TSUKI-AGE
내려치기 UCHI-OROSHI	두눈찌르기 RYOGAN-TSUKI	

부드러운 본의 시작

상석에서 볼 때, 잡기는 왼쪽, 받기는 오른쪽으로 양쪽 모두 매트 중앙의 약 6m 정도 거리를 두고 마주보며 자리를 잡고 상석을 향하여 동시에 인사를 한다. 잡기와 받기는 마주보고 서로를 향해 인사한다. 인사를 마치면 동시에 왼쪽 발부터 1보 앞으로 크게 전진하여 자연본체 자세를 취한다. 이어 왼발부터 앞으로 서서히 다가가 약 2m 거리에서 제1교 내찌르기 시작자세를 준비한다.

제 1 교

1. 내찌르기 Tsakidashi

1

시작자세의 잡기와 받기.

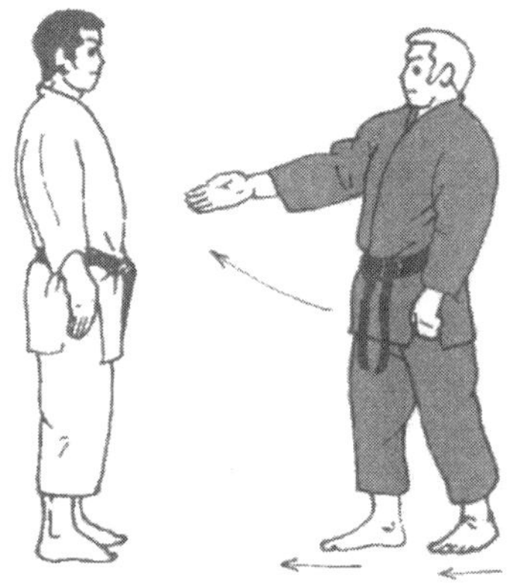

2

3

받기는 오른손을 펴서 천천히 수평으로 돌면서 오른발부터 이어딛기로 잡기를 향해 전진한다. 전진하면서 세 발 앞으로 이동할 때 붙인(엄지는 위에) 손가락 끝이 띠, 가슴, 턱, 순서로 점진적으로 들어 올린다.

4

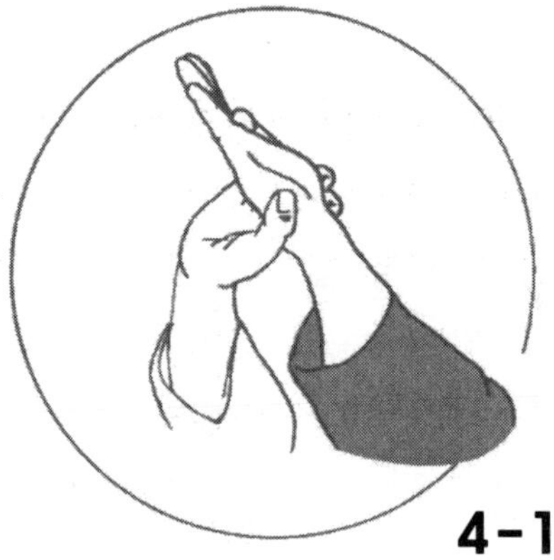

4-1

받기의 손가락 끝이 턱까지 올라왔을 때 잡기가 턱을 피하며 받기의 손목을 잡아온 오른쪽으로 당기면서 왼발을 축으로 오른쪽으로 4분의 1바퀴 회전한다.

5

→ 1단계끝

잡기는 받기의 등 뒤에 선다. 잡기는 왼손으로 받기의 왼손목을 잡는다(엄지는 위에서). 잡기는 받기의 팔을 대각선으로 펴고 무릎을 편 채 몸을 젖히면서 받기를 제압하면 받기도 자연스럽게 젖혀지면서 제압당하게 된다.

받기는 손목을 자유롭게 하면서 잡기의 제압을 피하려고 한다. 받기는 몸의 왼쪽 부분을 낮추고 오른발을 축으로 왼쪽 뒤로 회전한다. 돌면서 두 손으로(엄지를 위에서) 잡기의 손목을 잡는다. 여기에서 절대 서로 손을 놓치지 않는다.

6

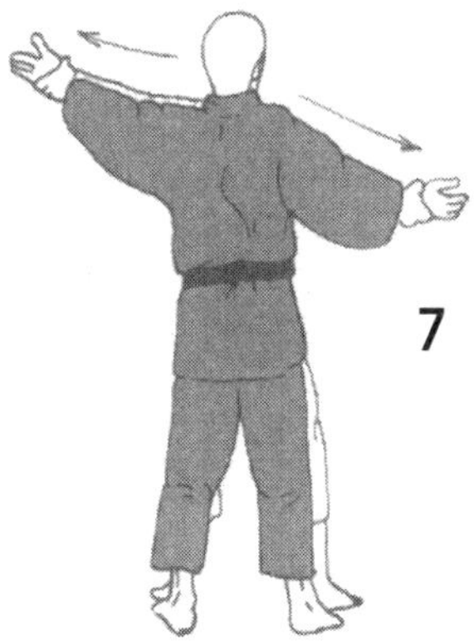

7 → 2단계끝

잡기는 오른쪽 뒤로 돌게 되고 받기는 왼발 잡기는 오른발을 뒤로 옮기게 된다. 받기는 잡기 등 뒤에 서서 잡기를 뒤로 제압한 자세에서 대각선으로 두 팔을 편다(오른팔이 왼팔다 더 낮게). 역할이 뒤바뀜.

잡기는 같은 방법으로 받기에게서 빠져나온다. 잡힌 손목은 그대로 두고 손가락에 힘을 주고 왼발을 축으로 오른발을 원을 그리며 뒤로 옮겨 오른쪽 뒤로 회전한다. 몸을 약간 오른쪽으로 낮추면 이 동작을 쉽게 할 수 있다.

8

9

→ 3단계끝

잡기는 다시 5와 같은 자세로 받기의 두 손목을 잡는다(두 엄지는 위에서).

다시 상황이 반전되는 일이 없도록 잡기는 받기의 왼쪽 손목을 놓고 왼 손바닥을 받기의 팔을 타고 올라가 왼쪽 어깨 위에 올린다.

10

11

잡기는 받기의 팔을 수직으로 들어 올린다.

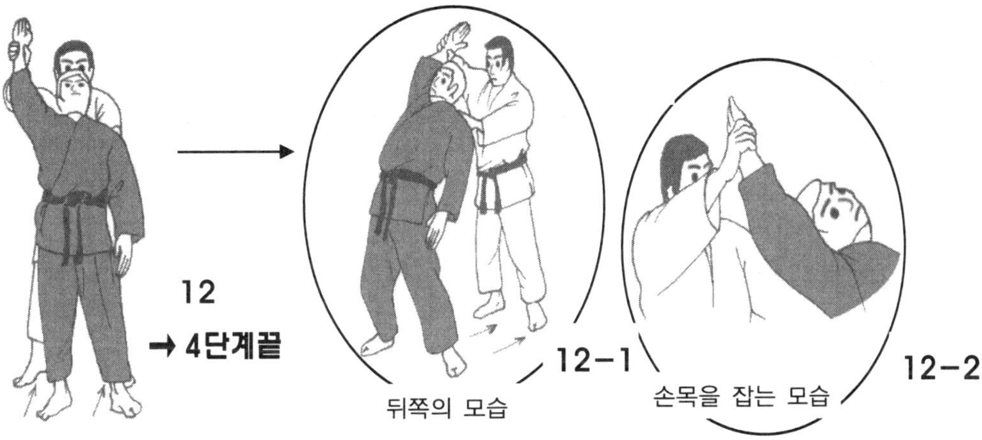

이 자세에서 잡기가 오른발 왼발을 뒤로 옮기면 받기는 허리가 꺾이지 않은 채 몸이 뒤로 기울여지면서 제압당하게 된다.

- 받기는 왼손으로 허벅지를 치면서 항복 신호를 보낸다. 잡기는 왼발 오른발을 내밀면서 받기를 똑바로 세운다. 잡기는 오른손으로 받기의 팔을 몸을 따라 내려놓고 오른쪽으로 4분의 1바퀴 돈다(이 기술을 시작할 때의 방향과 반대로).
- 받기는 왼쪽으로 돌아 뒤에 가까이 가서 오른발을 왼발 선상에 둔다. 잡기와 받기는 같은 방향을 바라본다.

2. 어깨밀기 Kata-oshi

시작 자세.

받기는 오른손을 팔꿈치를 굽혀 잡기의 오른쪽 어깨 뒤로 들어 올린다.

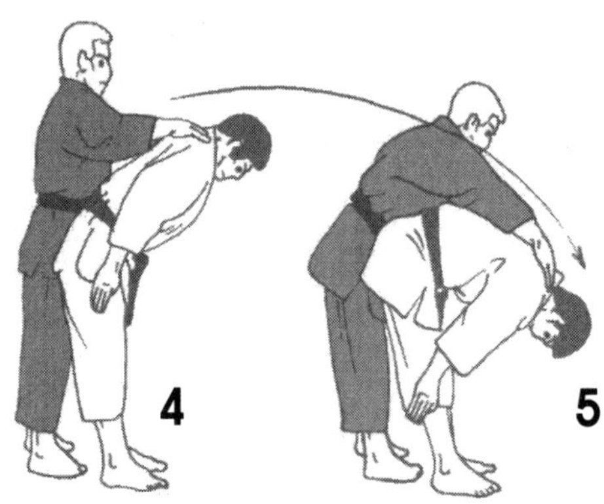

잡기는 무릎을 굽히지 않고 약간 앞으로 숙인다. 받기도 몸을 굽히게 된다. 잡기는 다리를 펴고 받기와 똑같이 숙인다.

이 자세에서 잡기는 발을 다다미에 끌면서 오른발부터 뒤로 물러난다. 그와 동시에 잡기는 오른손을 어깨에 올려 받기의 손을 감싸 쥔다(손가락은 위에서 엄지는 손바닥 가운데). 잡기의 머리가 받기의 팔 밑을 지날 때 잡기는 받기의 팔을 들면서 몸을 일으킨다.

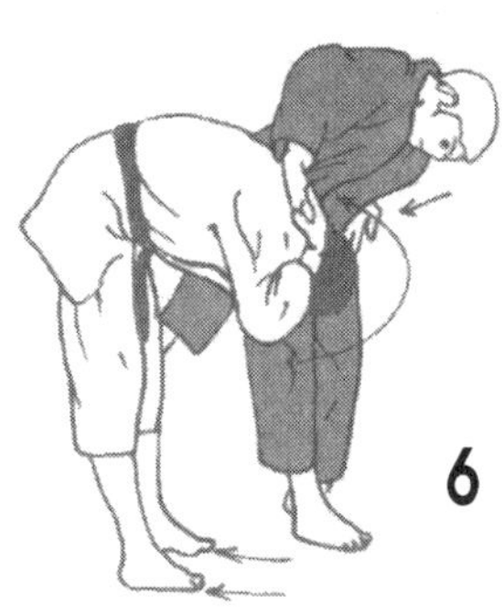

6

7 7-1 7-2

잡기는 손가락을 비틀면서 받기의 오른팔을 꺾을 뿐만 아니라 받기가 왼손가락 끝으로 잡기의 눈을 찌르는 것도 피할 수 있다. 받기는 오른발을 축으로 오른쪽으로 회전하면서 왼발을 잡기 쪽으로 내밀고 잡기는 몸을 완전히 세워서 왼손으로 받기의 손을 잡는다(엄지는 위로, 그러니까 손바닥 가운데).

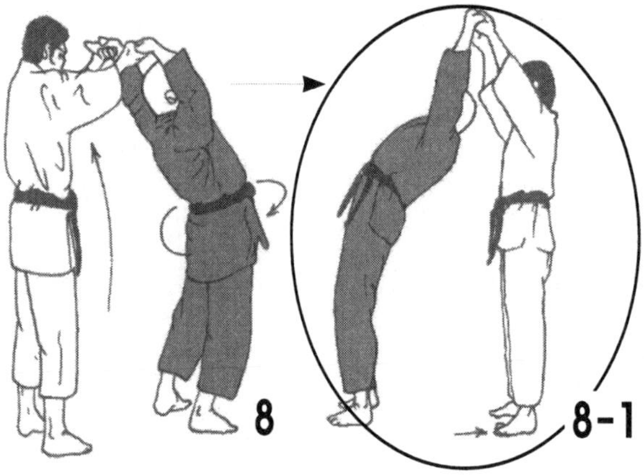

잡기는 받기의 두 팔을 대각선으로 위로 당기면서 오른쪽으로 회전시킨다. 잡기는 오른발 왼발을 뒤로 옮기면서 받기를 뒤로 젖히면서 제압한다. 받기의 두 손바닥은 위로 향한다. 잡기는 손바닥에 엄지를 대고 잡는다.

- 받기는 발로 다다미를 왼발을 뒤로 빼면서 항복한다.
- 잡기는 받기 뒤에서 나아가서 팔을 내리면서 일으켜 세운다.
- 잡기는 그대로 있고, 받기는 잡기의 오른쪽으로 돌아서서 잡기와 마주한다.

3. 두손잡기 Ryote-dori

1

잡기와 받기는 팔을 내리고 자연체로 마주 선다.

받기는 잡기의 손목을 위에서 잡는다.

2

3

잡기는 오른발이 뒤로 가며 양손이 뒤로 뻗으며 받기를 앞으로 기울인다. 받기는 이때 뒤꿈치를 들으며 몸이 구부러지지 않게 한다.

잡기는 밀기의 반전을 이용해 몸을 일으켜(3에서 받기는 잡기가 아래로 밀자 저항한다) 팔꿈치를 굽혀 팔을 빼내 들어 올린다. 잡기는 몸을 왼쪽으로 틀고 왼발을 살짝 뒤로 옮긴다.

4

5

잡기는 왼손 엄지와 검지를 갈퀴처럼 받기의 오른손목을 잡으면서 오른발을 받기의 오른쪽 바깥에 내밀면서 왼쪽 뒤로 회전한다. 그와 동시에 잡기는 오른팔을 받기의 오른팔 위로 내밀어 오른손으로 받기의 오른 팔꿈치를 밖에서 잡아 겨드랑이로 저지한다.

6

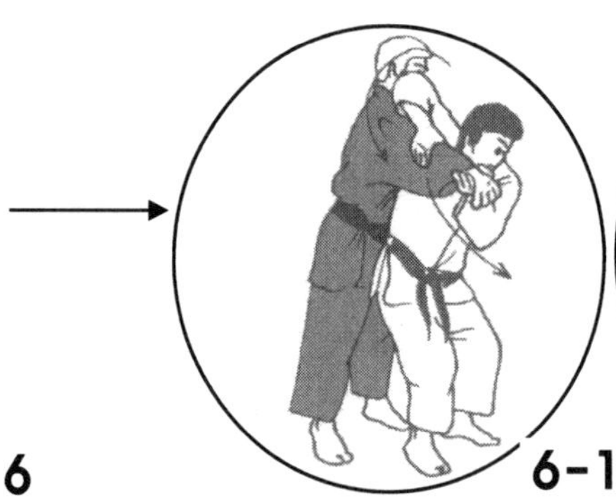
6-1

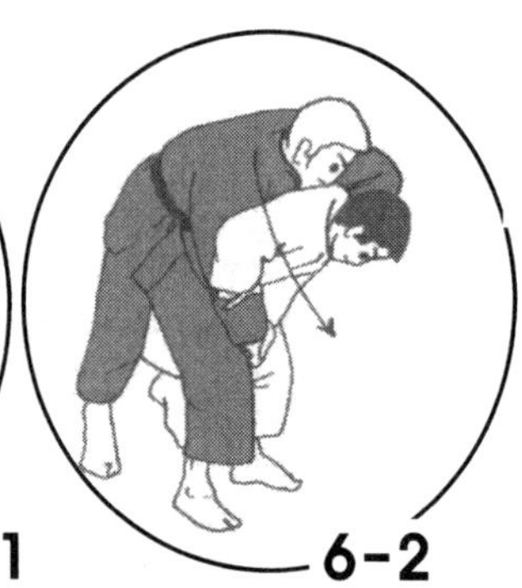
6-2

잡기는 손 높이의 강한 접촉으로 받기와 등지고 있다. 잡기는 허리를 낮춘다. 받기는 왼손을 잡기의 왼쪽 허리에 올린다(손가락은 아래로 펴고).

7

잡기는 계속 몸을 낮추고 몸을 앞으로 숙여 바깥감아치기로 메친다. 하지만 실제 메치지는 않고 무릎을 펴는 것으로 그친다. 받기가 발을 붙이고 손을 잡기의 허리에 받치고 균형을 잡으면서 몸을 펼 수 있도록 잡기는 천천히 무릎을 세운다. 받기는 상체와 하체가 평행이 되도록 한다.

- 받기가 왼손으로 항복 신호를 보낸 후 잡기는 받기를 천천히 뒤에 내려놓고 몸을 세워 잡은 것을 놓는다.
- 잡기는 그대로 있고 받기는 잡기 뒤에서 약간 물러난다.

4. 어깨돌리기 Kata-mawashi

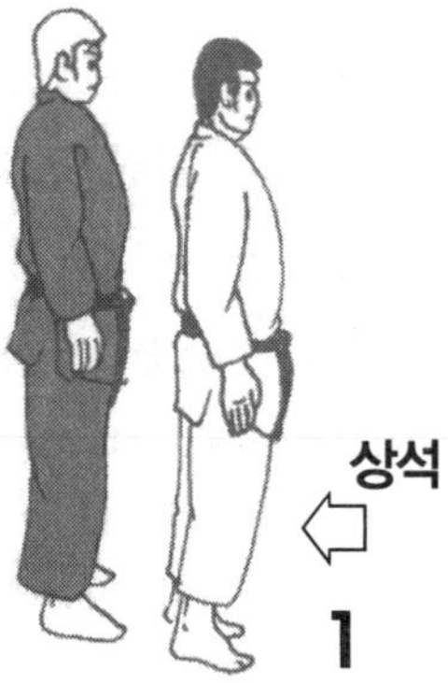

잡기와 받기는 상석을 보고 나란히 자연체로 선다.

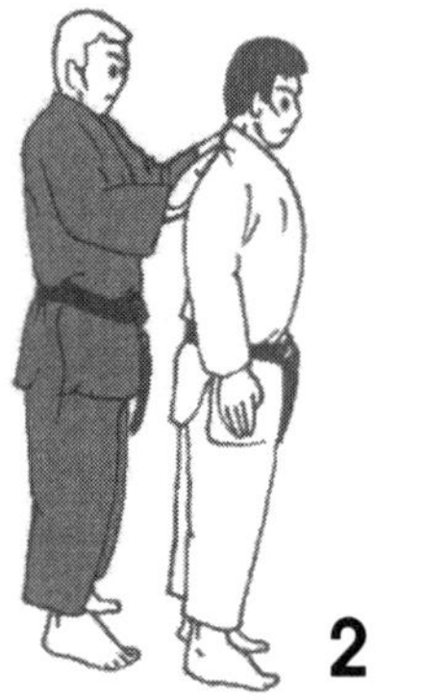

받기는 오른손을 잡기의 오른쪽 어깨 위 뒤쪽에 왼손을 왼쪽 어깨 위 앞쪽에 올려놓는다. 받기는 잡기를 왼쪽으로 돌려준다.

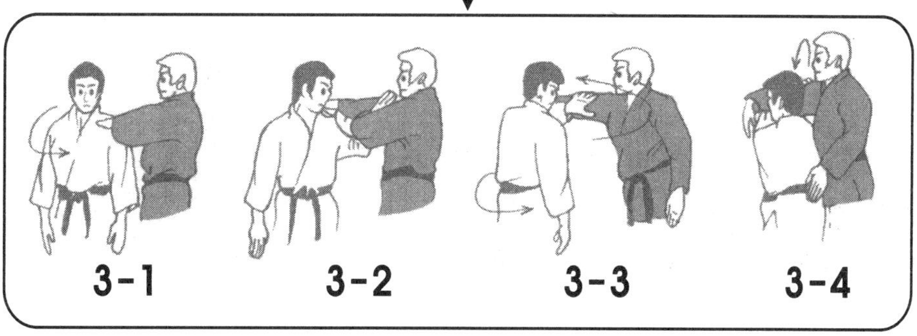

3번 동작을 자세히 본 모습

잡기는 오른쪽 어깨를 밀고 왼쪽 어깨를 당기는 대로 내버려 두면서 저항하지 않고 돌기 시작한다. 잡기는 왼발을 축으로 돌아 오른발을 받기와 잡기 사이에 옮긴다. 그와 동시에 잡기는 왼팔을 굽힌다. 처음에 왼손을 받기의 오른쪽 어깨에 놓고(받기가 왼손으로 잡은 것을 놓도록) 이어서 받기의 오른팔 안으로 팔꿈치까지 가서 밖에서 돌려 잡는다(네모 안의 그림 참조). 이렇게 회전할 때 잡기는 오른팔을 받기의 오른팔 밑으로 넣어 가능한 오른쪽 어깨를 높이에 손바닥을 댄다. (이상적인 것은 도복의 도움 없이 잡을 수 있어야 한다).

4

5

모든 접촉이 완료되면 잡기는 왼발을 오른 발뒤꿈치 선상으로 옮기고, 무릎을 굽히고 몸을 앞으로 숙이면서 업어치기 자세로 무릎을 굽힌다.

잡기가 몸을 숙이고 다리를 펴는 동안 받기는 앞에서처럼 왼쪽 허리에 왼손을 올려 균형을 잡으면서 다리를 펴고 몸을 젖히며 몸에 힘을 준다.

6

- 받기가 왼손으로 항복 신호를 보내면 잡기는 받기를 천천히 내려놓고 몸을 일으킨다. 받기는 그대로 있고 잡기는 본의 축을 따라 왼발 오른발 한 발 앞으로 이동한다. 잡기는 오른쪽으로 4분의 1바퀴 돌아 상석을 마주한다.

5. 턱밀기 Ago-oshi

1

잡기와 받기는 서로 2m 정도 거리를 두고 발뒤꿈치를 수직축에 두고 자연체로 선다.

받기는 띠, 가슴, 턱 순서로 서서히 손을 올린다. 본의 축에서 오른발부터 이어딛기로 다가가면서 공격한다. 받기는 천천히 팔을 들고 손을 펴 내밀면서 세 발 앞으로 이동한다.

2

3

받기는 손가락으로 잡기의 턱을 밀려고 한다. 받기의 손이 닿으려는 순간 잡기는 턱을 피하면서 오른손으로 받기의 손을 잡는다.

잡기는 왼발을 축으로 받기 앞으로 원을 그리며 왼쪽으로 천천히 돌면서 앞으로 위로 잡아당겨 받기의 팔 밑으로 지나간다. 이 동작으로 받기의 손과 팔을 비튼다.

4

5

받기는 왼발을 내밀면서 왼손으로 잡기의 눈을 찌르려고 한다. 잡기는 받기의 왼손을 잡는다.

잡기가 왼발을 뒤로 옮기면서 손으로 받기를 왼쪽에서 오른쪽으로 돌린다. 잡기는 돌려세운다.

6

7

받기가 완전히 등을 돌렸을 때 잡기는 어깨밀기 기술에서처럼 뒤로 젖힐 생각으로 뒤 균형을 잃게 한다.

이 지점에서부터 받기는 팔을 끌어당겨 어깨밀기 잡기 끝에서 벗어나려고 한다. 잡기는 받기가 크게 물러나도록 하면서 그 방향으로 간다. 잡기는 받기를 아래로 밀면서 팔을 굽히게 한다. 잡기는 어깨밀기보다 훨씬 짧게 뒤로 젖힌다. 잡기는 자호체로 낮추면서 이 효과를 크게 한다.

8

- 뒤 균형을 완전히 잃은 받기는 왼발로 다다미를 차면서 항복한다. 잡기는 받기 쪽으로 가서 일으켜 세우고 팔을 놓아준다. 잡기와 받기는 상석을 왼쪽 측면에 두고 있다. 받기는 그대로 있고, 잡기는 오른쪽 옆으로 가서 마주 선다. 잡기와 받기는 다시 본의 시작 위치와 방향에 있다.

제 2 교

1. 내려베기 Kiri-oroshi

1

받기는 내딛기로 잡기에게 다가가서 1m 정도 거리를 두고 자연체로 선다. 받기는 왼발을 축으로 오른발을 원을 그리며 오른쪽 뒤로 옮겨 4분의 1바퀴 돌아 상석을 등지고 서서 발을 벌린다.

받기는 오른손을 옆으로 펴서 손바닥은 앞으로 하면서 수직으로 들어 올린다.

2

3

받기는 왼발을 축으로 잡기 쪽으로 돌아 오른발을 내밀고 칼날로 잡기의 정수리를 내려 베는 것처럼 오른손날로 위에서 아래로 내려 벤다. 손가락은 펴서 붙인다.

잡기는 왼발 오른발을 뒤로 옮겨 피하면서 오른손으로 가슴에 받기의 손이 올 때 손목을 잡는다.

4

5 5-1

잡기는 팔을 뻗어 받기의 손을 뒤로 밀면서 받기를 향해 오른발 왼발 순으로 크게 두 발 간다.

받기는 오른발을 뒤로 옮긴다. 잡기는 왼다리 오른발(이어딛기)로 굽히고 허리를 낮추고 왼발이 나와 있도록 한다. 받기가 오른팔을 완전히 옆으로 뻗어 균형을 잡으면 완전히 등을 돌린 잡기 자세는 잡기에게 불리하게 된다.

6 → 1단계끝 6-1

7 → 2단계끝

받기는 오른손을 빼내고(손등을 밖으로) 왼손을 잡기의 오른 팔꿈치 위에 올려 잡기를 밖으로 민다.

잡기는 받기에게 밀려 왼발을 축으로 왼쪽으로 돈다. 잡기는 받기의 왼발을 옮기면서 그 방향으로 간다. 잡기는 몸을 앞으로 숙이고…

8 8-1 반대편에서 본 기술

9

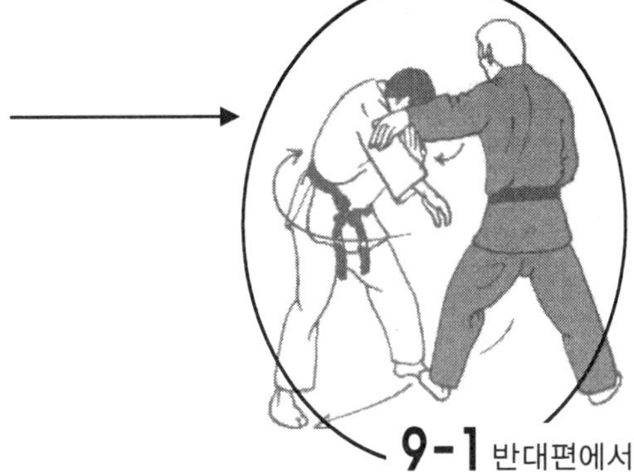

9-1 반대편에서 본 기술

받기의 팔 밑으로 머리를 넣어 받기와 마주한다(받기의 왼손에서 빠져나오려고 하지 않고).

10

10-1 반대편에서 본 기술

잡기는 몸을 일으키면서 왼손으로 받기의 왼손바닥 검지가 나오게 잡아 왼쪽 뒤 균형을 잃게 한다.

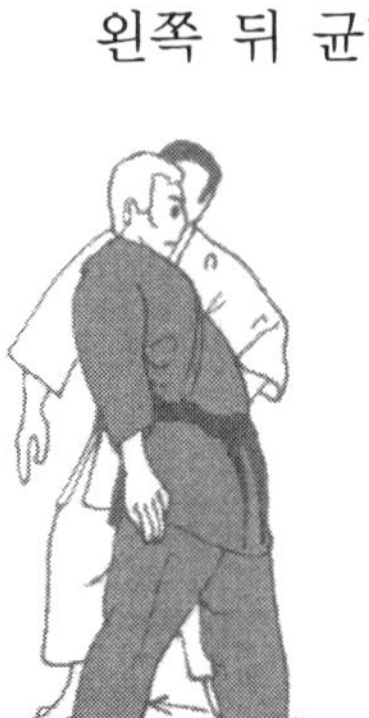

11

잡기는 받기 뒤로 왼발 오른발을 옮겨 불균형을 크게 하고 받기의 뻗은 팔을 들어 오른손을 받기의 왼쪽 어깨 위에 올려놓는다.

잡기는 왼발을 뒤로 옮기고 오른손으로 받기의 어깨를 저지하면서 받기의 왼팔을 뒤쪽 위로 잡아당기며 제압한다. 받기는 뒤로 젖힌다.

- 받기는 오른손으로 허벅지를 치면서 항복한다.
- 잡기는 받기가 몸을 일으키도록 도와준다.
- 잡기와 받기는 앞뒤로 나란히 선다. 잡기는 받기 앞으로 비스듬히 가서 받기에게 등을 돌리고 본의 축에 선다. 받기는 그 자리에서 약간 왼쪽으로 돌아 잡기 바로 뒤에 선다. 이때 상석은 잡기는 받기 왼쪽에 있다.

2. 두어깨누르기 Ryokata-oshi

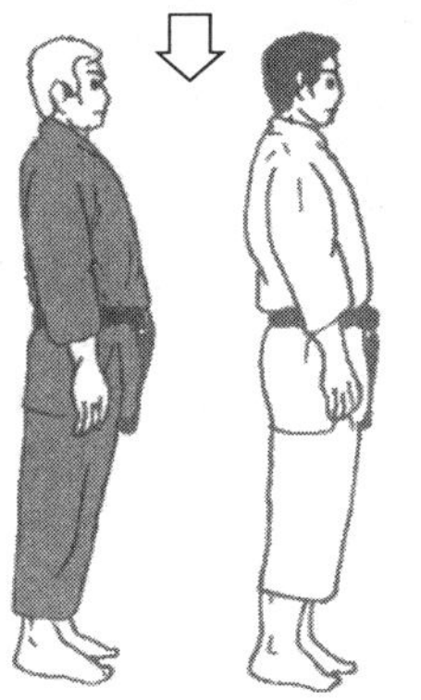

1

받기는 잡기 뒤에서 50㎝ 정도까지 다가간다. 잡기와 받기는 자연체로 선다.

받기는 손바닥이 허벅지부터 몸을 스치며 어깨높이로 두 손을 들어 올린다. 이때 손바닥은 앞으로 한다.

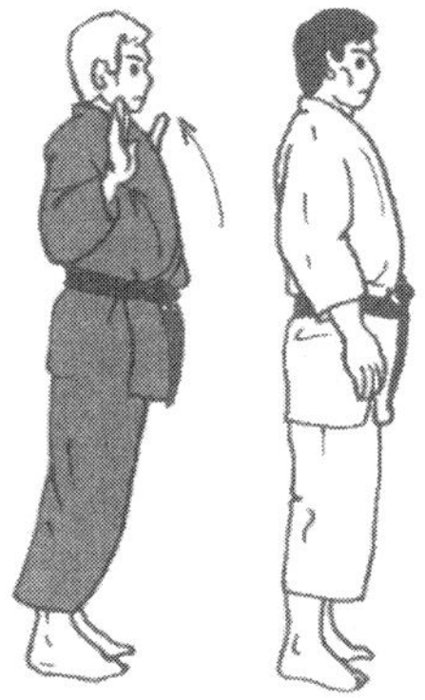

2

3

여기서 받기는 두 손의 손가락을 위로 펴면서 수직으로 들어 올린다.

받기는 두 손을 잡기의 어깨에 올려놓고 아래로 누른다.

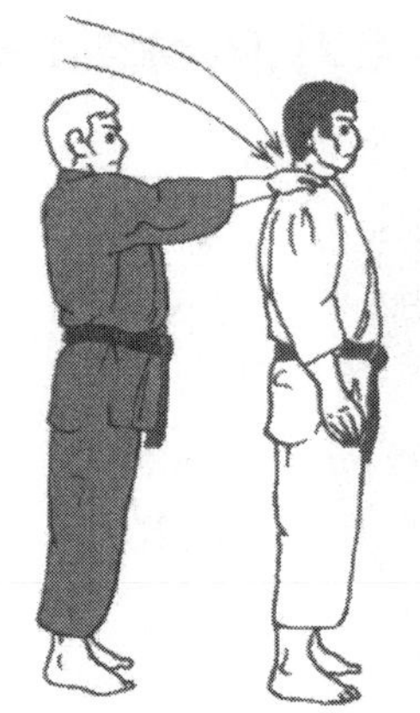

4

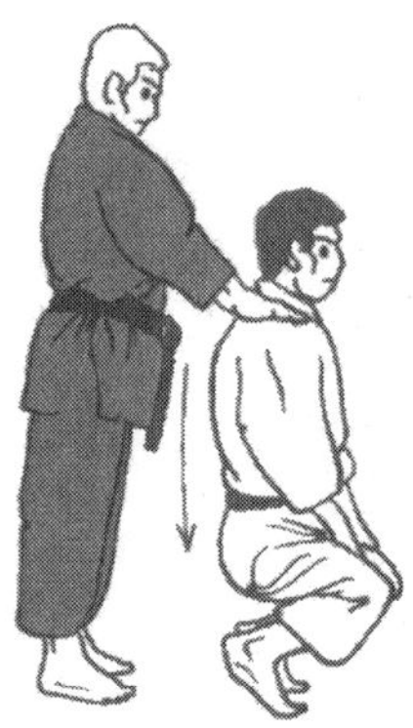

5

이때 잡기는 천천히 몸을 웅크린다(앉는 자세).

잡기는 작은 보폭으로 왼발부터 이동하면서 왼쪽으로 몸을 돌린다.

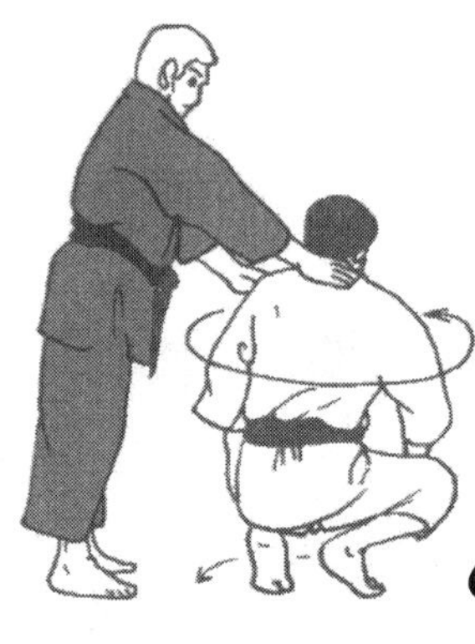

6

7

잡기가 몸을 돌린 다음 받기와 마주 선다. 잡기는 왼손으로 받기의 오른손목을 잡는다.

잡기는 웅크린 자세에서 같은 방향으로 회전하면서 오른손으로 받기의 오른손목을 같이 잡으면서(엄지는 아래에서 왼손 바로 위에) 왼손으로 잡아당기기 시작한다.

8

9

9-1 (상석 반대편 모습)

잡기는 상체를 곧게 펴고 웅크린 앉은 자세에서 받기의 앞 균형을 잃게 하면서 계속 회전한다. 회전하면서 잡기의 왼손은 받기의 오른쪽 엄지 옆으로 가서 더 효과적으로 끌어당긴다. 잡기는 다시 받기와 등을 진다.

잡기는 웅크린 자세에서 작은 보폭으로 전진하면서 뒤에 있는 받기를 두 손으로 앞으로 위로 끌어당기면서 천천히 몸을 일으킨다.

10 → 1단계끝

11 → 2단계끝 **11-1** (상석 반대편 모습)

받기는 잡기가 완전히 일어서면 왼손을 잡기의 왼쪽 허리에 대고 손가락은 아래로 하고 반대방향으로 밀면서 저지를 한다.

12

13

→ 3단계끝

13-1 (상석 반대편 모습)

잡기는 받기를 잡아당기던 것을 멈추고 받기의 저항을 이용한다. 잡기는 약간 왼쪽으로 몸을 돌려 왼발을 받기 뒤로 크게 한 발 앞으로 이동하고 오른발을 받기 오른발 바깥으로 옮긴다. 무릎을 구부리고(자호체) 상체는 곧게 편다. 오른손으로 위쪽 대각선으로 크게 끌고 왼팔을 받기의 가슴 위로 가로로 아래로 비스듬히 편다. 이러한 동작으로 받기는 완전히 뒤 균형을 잃게 되고 잡기는 받기를 쉽게 메칠 수 있다. 잡기의 자세는 안정되고 힘이 있다.

- 받기는 왼손으로 항복 신호를 보낸다. 잡기는 받기를 자연체로 데려온다.
- 잡기와 받기는 본의 시작방향으로 절반 거리에서 자연체로 마주 선다.

3. 빗치기 Naname-uchi

1

잡기와 받기는 마주 선다.

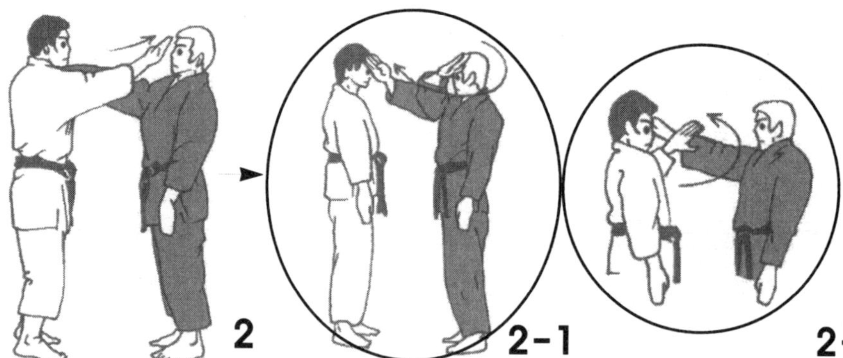

2　2-1　2-2

→ 1단계끝

받기는 오른손을 천천히 왼쪽 귀 높이에 들고(손가락은 펴고 손바닥은 아래로) 팔을 펴면서 잡기의 눈높이를 손의 새끼손가락 옆면으로 두 눈 사이를 치려고 한다. 잡기는 몸을 젖혀 피하고 왼손으로 받기의 손목을 잡아(엄지는 아래에서) 밖으로 밀쳐낸다. 잡기는 오른발을 내밀면서 오른손가락으로 받기의 눈을 찌르면서 반격한다.

3

3-1

3-2

→ 2단계끝

이번에는 받기가 왼발을 뒤로 옮기고 왼손으로 잡기의 오른손목을 잡으면서 피한다(2-1, 2-2, 3-1, 3-2 참조).

4

→ 2~3단계끝

잡기는 중심을 잡으면서 오른손목을 빼낸다. 잡기는 왼발을 내밀면서 왼손으로 받기의 왼손목을 잡아(엄지는 아래에서) 중심을 잃게 한다.

그 즉시 받기는 오른손으로 내 왼 팔꿈치를 민다. 잡기는 왼손에 잡았던 받기의 손목을 놓게 된다.

잡기는 왼발을 축으로 오른쪽 뒤로 완전히 돌아 미는 동작을 역이용한다.

5

5-1

6

잡기도 잡기의 팔꿈치를 잡고 있는 받기의 손에서 빠져 나오려 하지 않고 몸을 낮추고 무릎을 굽혀 받기의 팔 밑에 머리를 넣으면서 오른발을 받기 뒤로 옮긴다. 잡기와 받기의 발뒤꿈치 선은 이제 수직을 이룬다. 잡기는 오른손으로 받기의 허리를 잡아 자신 쪽으로 끌어당기고 왼손은 받기의 복부 왼쪽 옆에 받친다(손가락은 위로).

잡기는 단단히 잡은 상태에서 몸을 일으켜 허리를 앞으로 밀면서 누우며 던지기로 메치려는 듯 받기를 천천히 들어 올린다. 받기는 발을 붙이고 팔은 머리 위로 몸은 축 위로 펴면서 몸에 힘을 준다.

7-1

7 → 4단계끝

7-2

- 받기는 두 손바닥을 치면서 항복 신호를 보낸다.
- 잡기는 받기를 천천히 내려놓는다.
- 받기는 잡기의 오른쪽에 있고 잡기와 받기는 상석을 마주하고 자연체로 선다.

4. 외손잡기 Katate-dori

잡기와 받기는 상석을 마주하고 정면을 향한다. 받기는 잡기의 오른쪽에 있다. 받기는 왼손으로 잡기의 오른손목을 그림 1-1과 같이 위에서 잡는다.

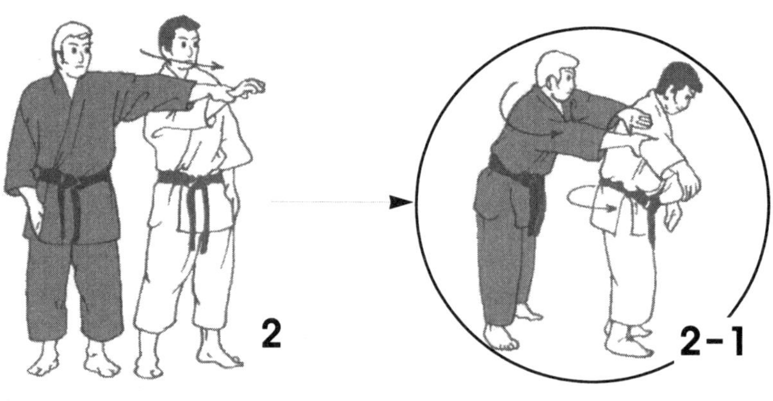

잡기는 오른팔을 펴고 손바닥은 아래로 한 다음 천천히 들어 올린다. 옛날 형태에서 잡기는 그대로 있다. 잡기가 오른발을 약간 옮기면(1-2 그림과 같이) 받기도 중심을 잡기 위해 오른발을 내밀게 된다.

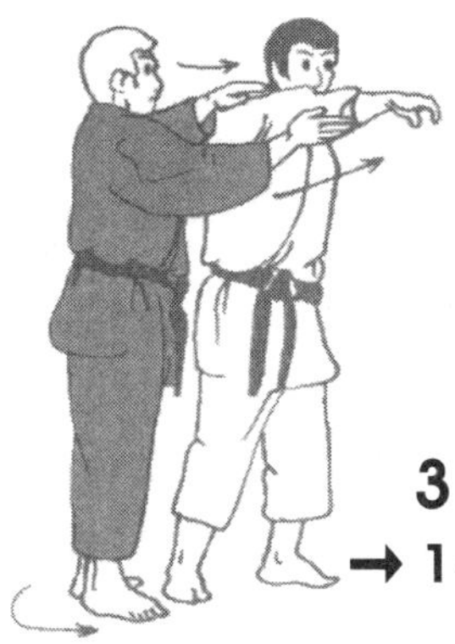

3
→ 1~2단계끝

잡기는 몸을 왼쪽으로 돌리고 팔꿈치를 약간 굽혀 받기의 팔꿈치에 대고 손목을 자유롭게 한다. 받기는 오른손을 잡기의 오른 팔꿈치 위에 왼손을 잡기의 오른쪽 어깨에 올리고 잡기가 빠져나오기 위해 이용한 방향으로 두 손으로 원을 그리며 왼쪽으로 밀면서 잡기를 회전시킨다. 받기는 오른발을 옮겨 이 동작을 지탱한다.

잡기는 오른발을 축으로 왼쪽으로 돌고 왼발을 옮겨 받기와 등을 진다. 이 동작에서 잡기는 왼팔을 받기의 등 뒤로 해서 받기의 왼 팔꿈치를 오른손과 같이 잡는다.

4

5
→ 3단계끝

5-1

잡기는 오른발을 약간 뒤로 옮겨 허리껴치기로 메칠 때처럼 천천히 들어올린다. 받기는 발이 머리 위로 들어 올려지면 다리를 붙여 펴면서 몸을 굽힌다.

- 잡기는 받기가 오른손으로 항복하면 받기를 천천히 내려놓는다(이 때 잡기가 걸지 않고 메치는 스타일로 받기를 들어 올릴 때마다 잡기는 받기를 내려놓기 전에 잠깐 정지시간을 가진다).
- 잡기는 받기 앞에 있다. 잡기는 받기를 향해 돌아서서 상석에서 볼 때 왼쪽으로 세 발을 앞쪽으로 이동하면 받기는 오른쪽으로 그만큼 멀어진다. 상석을 등지지 않도록 잡기는 왼쪽으로 받기는 오른쪽으로 돌아 서로 마주본다.

5. 외손들기 Katate-age

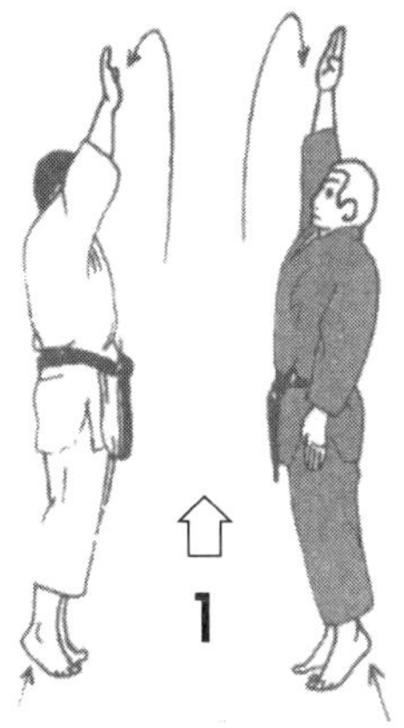

잡기와 받기는 동시에 손바닥을 앞으로 하고 오른팔을 펴서 크게 반원을 그리며 머리 위로 세로로 들어 올린다. 잡기와 받기는 동시에 발끝으로 선다.

이 자세에서 잡기와 받기는 발가락을 세워 오른발부터 작은 보폭으로 점점 더 빨리 이동한다. 세 발 또는 네 발 앞으로 이동 후 잡기와 받기의 팔 오른쪽 어깨 안과 오른쪽 허리가 서로 맞닿는다.

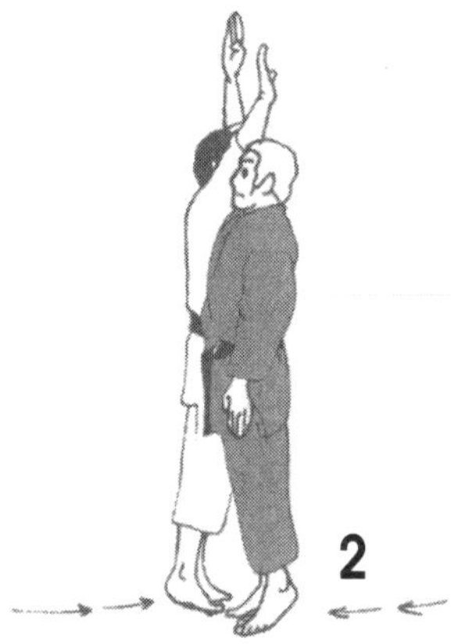

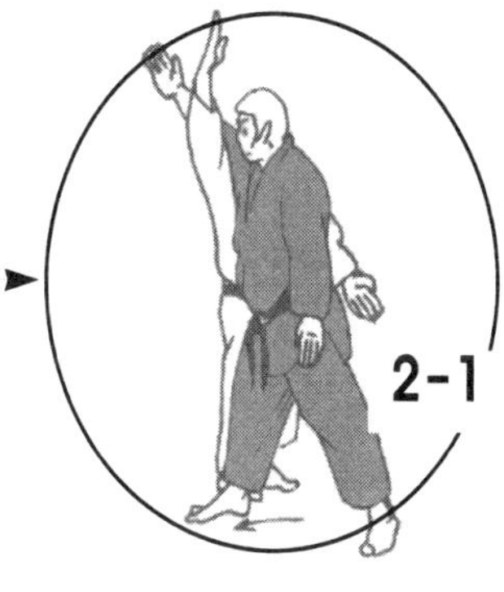

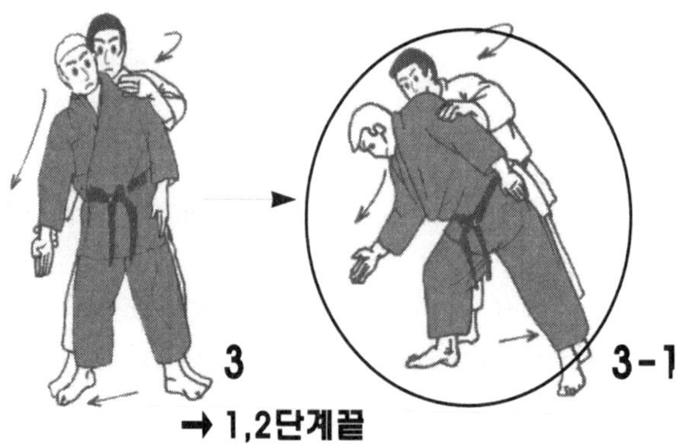

잡기는 오른발을 뒤로 옮겨 상석을 마주 보고 돌면서 충격을 피한다. 예상했던 충격이 없자 중심을 잃은 받기는 오른발을 크게 한 발 앞으로 이동하고 약간 앞으로 숙여 내 앞으로 오면서 팔을 내린다. 잡기는 오른손을 받기의 오른팔을 따라 손목 가까이 두고, 왼손을 받기의 왼쪽 어깨에 올려 오른쪽 앞으로 민다. 받기는 몸을 일으켜 중심을 잡기 위해 오른팔을 들면서 뒤로 대응한다.

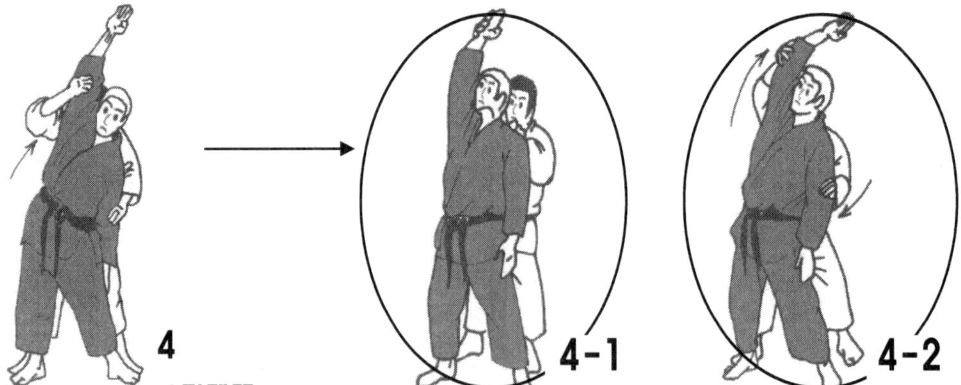

그 즉시 잡기는 받기가 원하는 방향으로 가면서 반대로 민다. 이때 왼손을 받기의 왼 팔꿈치로 내려 밀고 오른손으로 받기의 오른 팔꿈치를 들어 올린다. 이 동작으로 받기는 왼쪽으로 몸을 젖히게 된다.

5
→ 4단계끝

받기는 몸을 일으키며 대응을 하지만 잡기는 맞서지 않는다.

6

받기가 똑바로 섰을 때 잡기는 오른손을 받기의 치켜든 손목 밑에 넣고 왼손을 받기의 어깨까지 올린다. 잡가가 받기에게 몸을 붙이며 잡기가 먼저 허리를 젖히면 허리를 받기가 일치하게 젖힌다.

7
→ 5단계끝

7-1

이 상태에서 잡기는 왼발 오른발을 뒤로 옮기면서 받기를 뒤로 젖혀 완전히 중심을 잃게 하면서 제압할 수 있다. 잡기는 왼손으로 받기의 어깨를 짓누르지 않도록 주의해야 한다.

- 받기는 왼손을 치면서 항복 신호를 보낸다. 잡기는 받기를 일으켜 세우고 오른팔을 내려준다.
- 잡기와 받기는 본의 축에서 처음 자리로 되돌아가서 본의 시작 위치와 방향에서 서로를 향해 돌아선다.

제 3 교

1. 띠잡기 Obi-tori

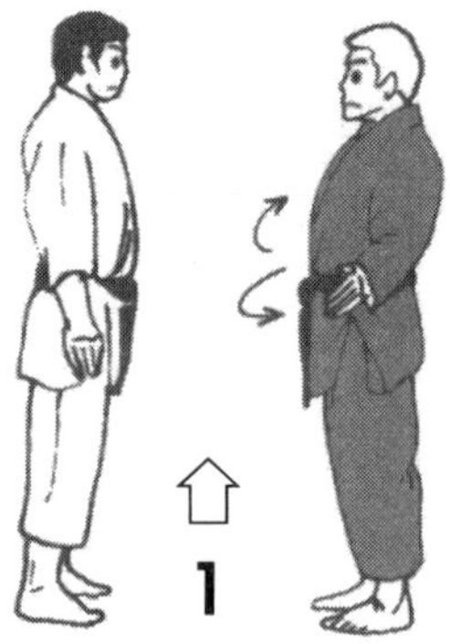

받기는 보통걸음으로 잡기를 향해 띠를 잡을 수 있는 거리까지 다가가 멈춰 선다. 받기는 손 등을 앞으로 하고 두 손을 벌린다.

받기는 왼손을 오른손 위로 교차하면서 두 손을 내밀어 앞에서 잡기의 띠 중간을 잡으려고 한다. 그렇게 하면서 받기는 왼발을 약간 내민다.

잡기는 오른손으로 엄지는 위로하고 받기의 왼 손목을 잡아 왼쪽 허리방향으로 잡아당기면서 복부를 뒤로 뺀다. 잡기는 왼손 엄지-검지를 갈퀴처럼(손바닥은 상석을 손가락은 아래로) 받기의 왼쪽 팔꿈치 바깥에 대고 오른손으로 끄는 방향으로 밀어 받기를 오른쪽으로 회전시킨다.

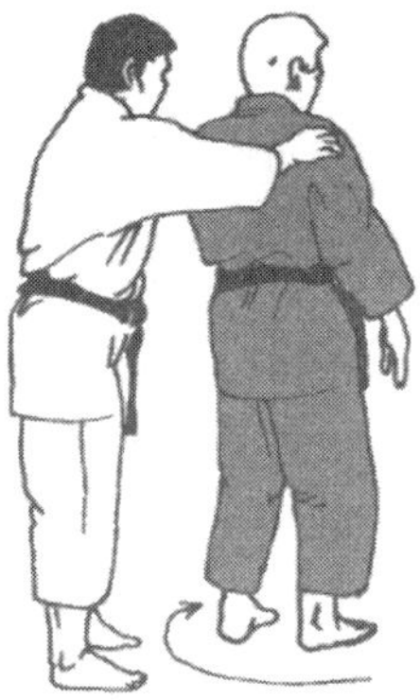

4

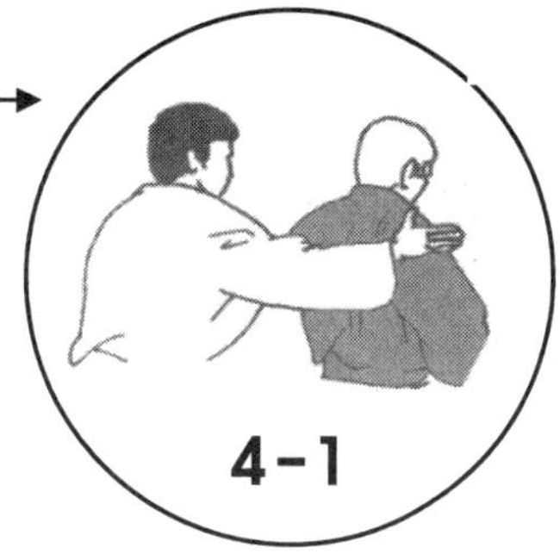

4-1

받기는 내 앞에서 왼발을 원을 그리며 내밀어 잡기를 등지고 서게 된다. 잡기는 오른손을 받기의 오른쪽 어깨에 대고 같은 방향으로 회전시킨다.

5 → 2단계끝

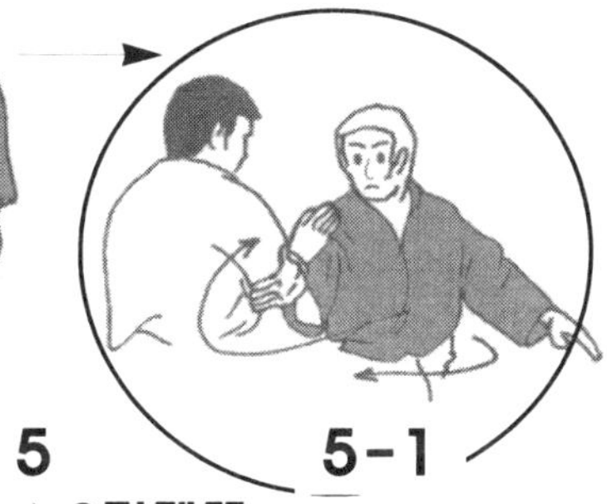

5-1

받기는 잡기가 왼쪽으로 회전하도록 오른손을 잡기의 오른 팔꿈치 밑에 받치면서 잡기 쪽으로 완전히 돌아 더 멀리 간다.

6 → 3단계끝

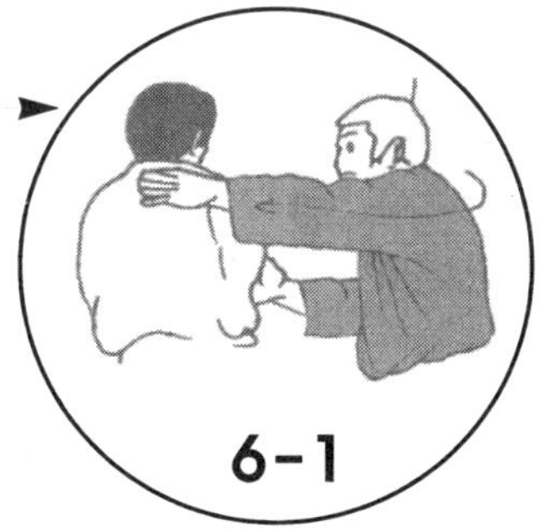

6-1

6-2

잡기는 오른발을 받기 앞에 원을 그리며 옮기면서 돌아 받기와 완전히 등진다.

7 → 4단계끝

7-1

받기는 왼손을 잡기의 어깨에 올리고 오른손으로 원을 그리며 밀면서 왼손으로 잡기의 왼쪽 어깨를 잡아당긴다. 잡기는 발을 떼지 않고 상체를 돌려 왼팔을 받기 띠에 댄다.

8

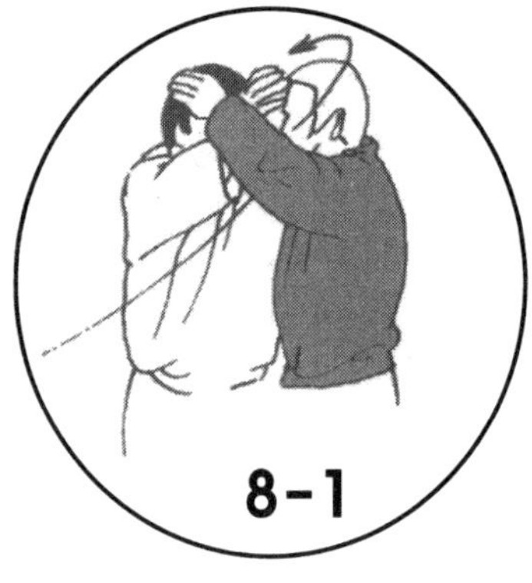

8-1

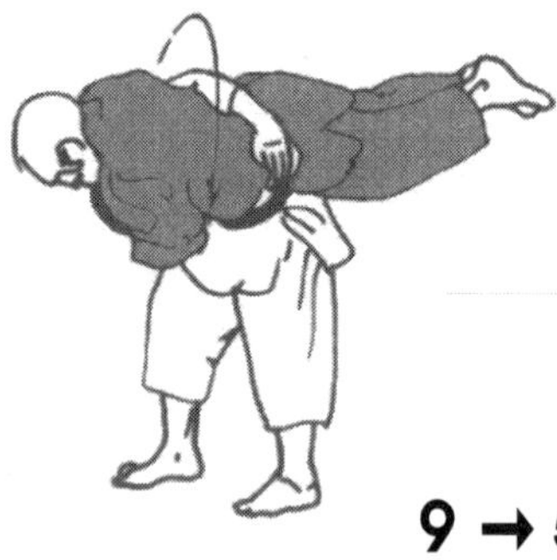

9 → 5단계끝

9-1

잡기는 받기를 잡기의 허리에 당겨서 받기의 왼팔을 안쪽으로 돌려 빼내고 오른손으로 팔꿈치를 잡는다. 잡기는 왼쪽 허리껴치기를 시도한다. 외손잡기에서처럼 잡기가 받기를 들어 올리면 받기는 몸을 굽히면서 대응한다.

- 잡기는 받기가 왼손으로 항복 신호를 보내면 받기를 천천히 내려놓는다. 잡기와 받기는 몸을 일으켜 기술을 시작할 때 방향으로 마주 선다.

2. 가슴밀기 Mune-oshi

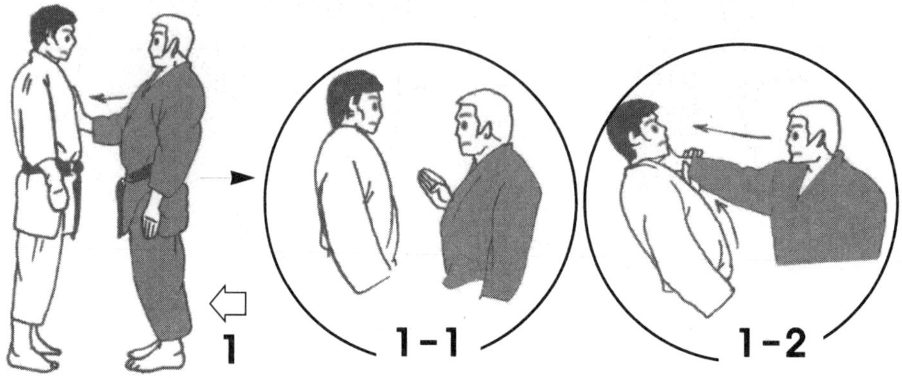

잡기와 받기는 가까이 자연체로 선다. 받기는 오른손을 든 다음 손바닥은 앞으로 손가락은 위로 팔꿈치는 몸 가까이하면서 받기는 잡기의 가슴 왼쪽을 민다.

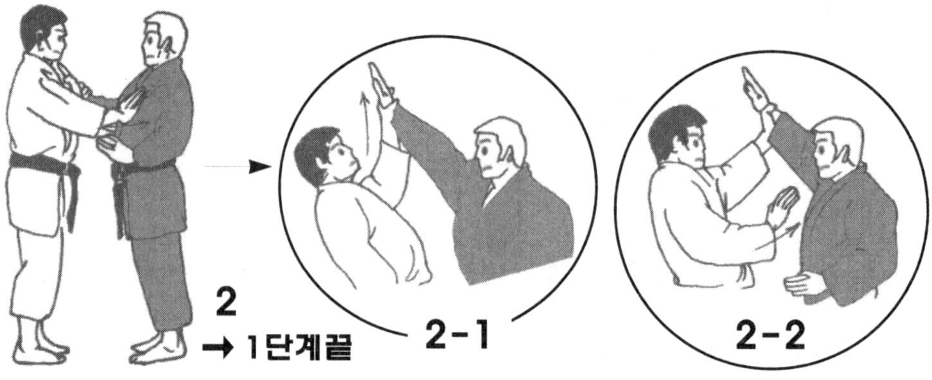

잡기는 왼손 엄지-검지를 갈퀴처럼 받기의 손목을 밖에서 잡으면서 약간 몸을 젖히고 위로 약간 밀린다. 잡기는 받기의 왼쪽 가슴으로 민다.

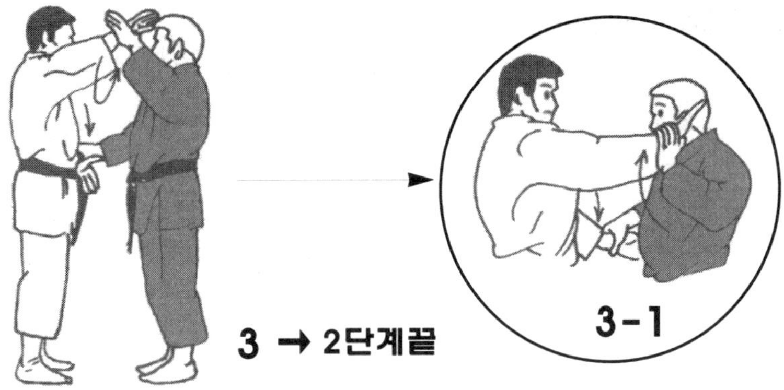

3 → 2단계끝　3-1

받기는 잡기가 처음에 막았던 것처럼 잡기의 오른손을 막아 위로 들어 올리고, 오른손으로 잡기의 왼 손목을 위에서 잡아 오른 손목을 낮춘다.

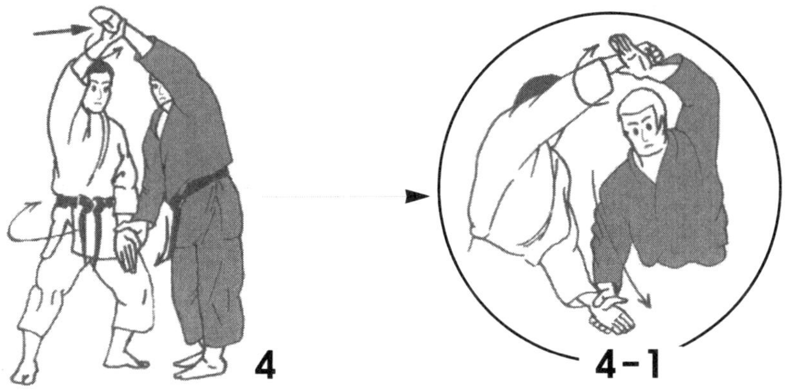

4　4-1

잡기는 받기의 몸을 오른쪽으로 틀면서 잡힌 왼손을 왼쪽 아래쪽으로 밀고 오른손을 틀어 받기의 왼 손목을 잡아(엄지는 아래에서) 들어 올린다. 잡기는 왼발을 받기 앞에 내밀고 오른발을 원을 그리며 왼발 옆으로 넘어간다. 잡기는 왼손바닥을 위로 하고 손가락을 편다.

5

잡기는 받기를 잡기 쪽으로 돌려 등을 맞대고 팔을 대각선으로 편다.

잡기는 받기와 어깨를 맞댄 상태에서 왼손을 들고 오른손을 내리면서 받기와 같이 같은 방향으로 회전한다.

6

7

두 번째 반 바퀴 돌면서 왼손을 갈퀴처럼 받기의 오른손목을 밑에서 잡는다. 잡기는 받기와 거의 정면으로 마주한다.

잡기는 왼손으로 받기의 오른손목을 잡기의 왼쪽 옆구리 방향으로 팔을 당긴다. 그와 동시에 잡기는 받기의 왼팔을 띠 쪽으로 내리고, 잡기의 오른손을 잡고 있는 팔뚝을 따라 팔꿈치까지 내린다.

8

9

잡기는 받기의 오른발 뒤로 오른발 왼발 순으로 앞으로 이동한다. 왼발을 먼저 약간 옮겨야 할 때도 있다. 받기는 오른쪽 뒤 중심을 완전히 잃게 된다. 마지막 제압에서 잡기는 받기의 두 팔을 대각선으로 잘 펴야 한다.

- 받기는 발로 항복 신호를 보낸다. 잡기는 받기를 자연스러운 자세로 데려온다.
- 잡기는 오른쪽으로 돌고 잡기와 마주 선다. 잡기와 받기는 다시 기술을 시작할 때 방향에 있다.

3. 턱치기 Tsuki-age

1

받기는 왼발을 축으로 오른쪽 뒤로 4분의 1 바퀴 돌아서 오른발을 뒤로 왼 무릎을 구부린다.

그렇게 하면서 받기는 오른팔을 옆으로 수평이 되게 편다. 이때 손가락은 펴서 옆으로 벌리고, 손바닥은 아래로 한다.

2

3

받기는 오른손으로 띠에서부터 주먹을 쥐면서 내려 허리에 올리고 그와 동시에 돌아서 잡기와 마주한다.

받기는 오른 주먹을 아래에서 위로 잡기의 턱을 향해서 어퍼컷을 치듯이 올리며 오른 발을 내민다.

4

5

잡기는 약간 몸을 젖히면서 피한다. 잡기는 내 앞에 날아드는 받기의 주먹을 오른손으로 잡아(엄지는 받기의 엄지에 맞대고) 같이 위로 올린다.

잡기는 오른손을 내리고 왼손으로 받기의 팔꿈치를 잡는다.

6

잡기가 왼손으로 밀면서 왼발 한 발 앞으로 이동하면 받기는 왼쪽으로 회전하게 된다. 받기는 왼발을 축으로 돌고 오른발을 오른쪽에서 왼쪽으로 크게 원을 그리면서 찬다. 받기는 돌면서 몸을 낮추고 잡기 팔 밑으로 지나간다.

7
→ 1,2단계끝

잡기는 받기가 중심을 잡을 어떠한 기회도 주지 않고 받기의 오른 팔꿈치를 밖에서 안으로 잡아 당긴다. 받기는 오른 주먹을 뒤로 가져오고 오른발을 내밀어 중심을 잡으면서 회전을 방해하려고 한다.

8
→ 3,4단계끝

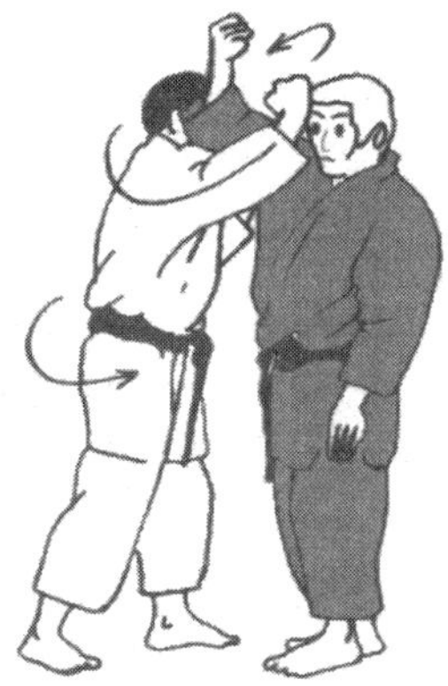

9

10
→ 5단계끝

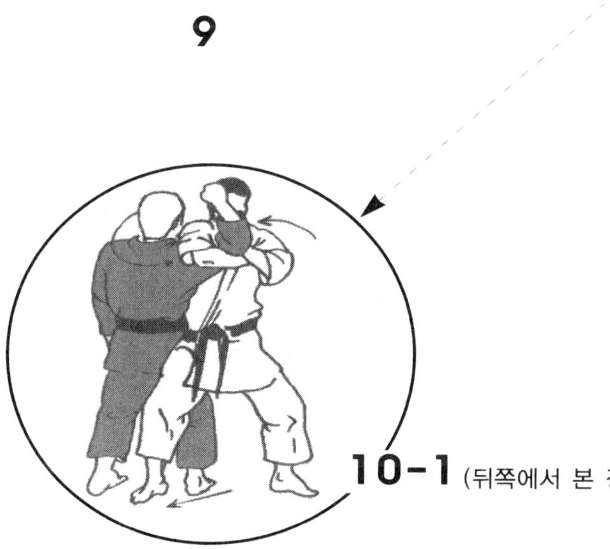

10-1 (뒤쪽에서 본 장면)

잡기는 오른팔을 받기의 오른팔 위로해서 잡기의 왼 팔뚝을 잡고 오른발을 받기 뒤로 크게 내밀면서 시선 방향으로 간다. 그러면서 받기의 팔꿈치에 있던 잡기의 왼손은 이제 받기의 왼 팔뚝이나 왼 손목에 내린다. 잡기는 자호체로 낮추어 받기를 뒤로 젖혀 팔얽어비틀기 꺾기로 제압한다.

- 받기는 왼손으로 항복 신호를 보낸다. 잡기는 받기가 바로 설 수 있도록 팔을 놓아준다. 잡기와 받기는 뒤로 물러나서 1m 정도 거리에서 처음 방향으로 마주 선다.

4. 내려치기 Uchi-oroshi

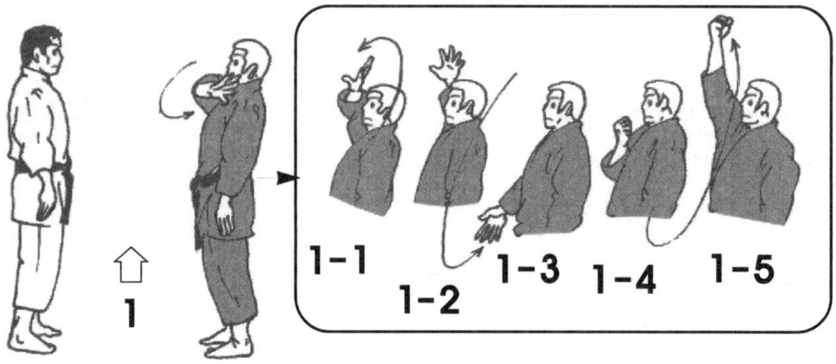

받기는 오른손을 가슴 왼쪽 옆에 붙이고(손등을 잡기 쪽으로 손가락은 벌리고) 오른쪽 어깨를 중심으로 오른쪽 위로 아래로 원을 그린다. 손이 다시 오른쪽 밑에 왔을 때 받기는 띠에서 천천히 주먹을 쥐고 오른쪽 어깨 앞으로 올린다(손등은 잡기 쪽으로). 받기는 오른 주먹을 세로로 머리 위로 올린다.

받기는 주먹 동작을 계속하면서 팔을 펴서 오른 주먹 등으로 잡기의 머리를 치면서 잡기를 향해 오른발 한 발 앞으로 이동한다.

잡기는 작은 보폭으로 오른발 왼발 순으로 뒤로 옮기면서 앞으로 날아드는 주먹을 피한다. 주먹이 잡기의 가슴 높이에 오면 잡기는 오른손으로 받기의 손목을 위에서 잡고(엄지는 받기의 엄지와 맞대고) 같이 내려간다. 본의 모든 시리즈에서처럼 첫 번째 접촉은 교환하는 동안 지속하여야 하는 잡기와 받기 사이의 조화를 이룬다.

3

4

4-1

다음 동작은 이미 본의 여섯 번째 기술 내려베기에서 했던 것과 비슷하며 제2교의 ⑥내려베기 동작 중 5~11번까지 보게 될 것이다. 그러므로 여기서 자세히 설명하지는 않겠다. 잡기는 오른발을 크게 내밀고 받기의 손목을 아래로 민다. 받기는 오른발을 뒤로 옮겨 중심을 잡는다.

5

받기는 왼손으로 잡기의 팔꿈치 밖으로 밀면서(손가락은 아래로) 오른손목을 자유롭게 한다.

받기는 잡기를 왼쪽으로 회전 시킨다.

6

6-1

7

7-1

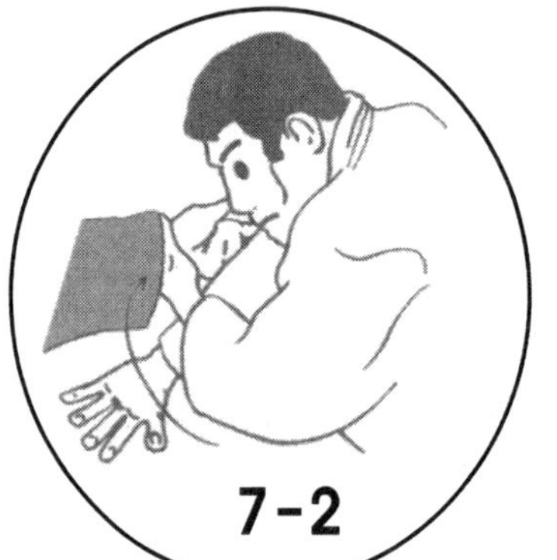

7-2

7-3

잡기도 받기의 왼팔 밑으로 지나면서 오른발을 받기를 향해 원을 그리며 옮기고 자호체로 낮춘다.

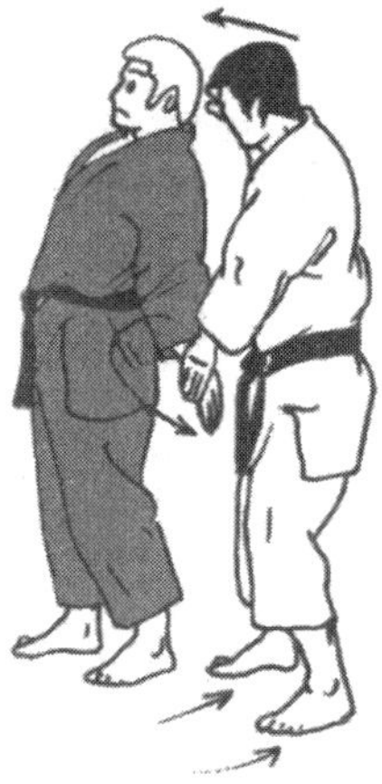

8

잡기는 왼손으로 받기의 왼 손목을 잡고 왼발 오른발을 끌면서 받기 뒤로 기울인 체 이동한다. 여기서 내리베기 기술에서 했던 동작이 끝난다.

잡기는 다른 방법으로 마무리한다. 잡기는 오른 팔뚝의 안쪽 면을 받기의 목에 대고 받기의 등 윗부분을 자신에게 당겨 받기의 왼팔을 내 복부에 비스듬히 아래로 걸친다. 맨손조르기와 받기의 편 왼 팔꿈치 밖으로 내 복부 누르기(팔가로 누워꺾기 형태)를 연결하면 받기는 뒤로 심하게 몸을 젖히게 된다. 나는 왼발을 뒤로 옮기면서 완전히 제압한다.

9

- 받기가 항복 신호를 보내면 잡기는 놓아준다.
- 잡기와 받기는 처음 방향에서 1m 정도 거리를 두고 마주한다.

5. 두눈찌르기 Ryogan-tsuki

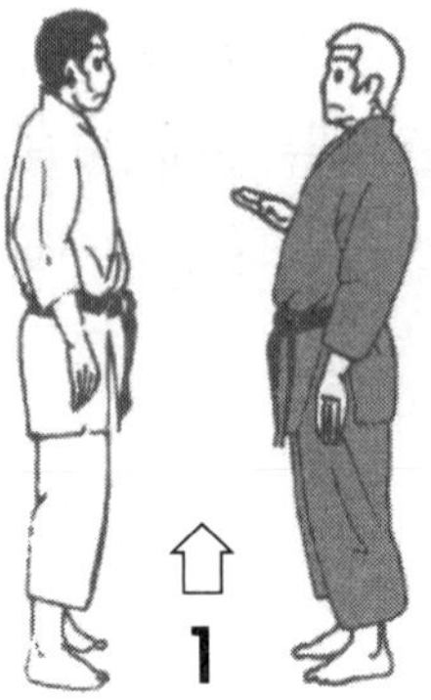

1

받기는 오른손을 허리 높이에 든다. 그리고 손바닥은 아래로 손가락은 펴고, 가운데 손가락과 새끼손가락을 갈퀴처럼 벌려 잡기의 눈 쪽으로 한다.

받기는 오른발을 내밀고 손을 갈퀴처럼 잡기의 눈을 찌르려고 한다. 잡기는 왼발을 뒤로 옮겨 왼쪽으로 돌면서 왼손으로 받기의 손목을 잡아(엄지는 아래에서) 앞으로 당기면서 피한다.

2

→ 1단계끝

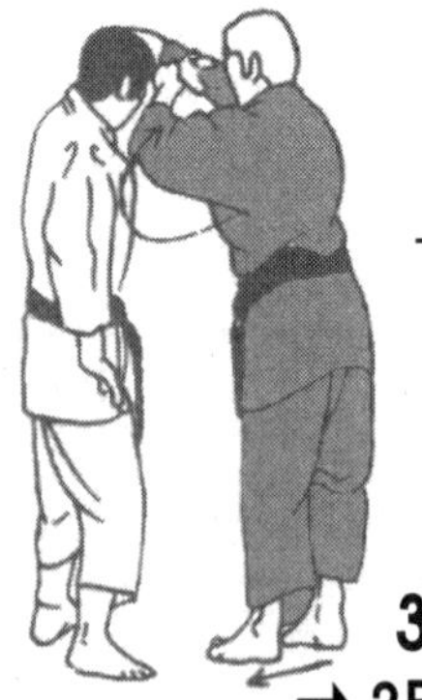

3

→ 2단계끝

3-1

받기는 왼발이 나가면 왼손을 잡기의 손목을 잡고 잡기는 몸을 오른쪽으로 튼다.

4
→ 3단계끝

4-1

잡기는 오른손으로(엄지는 아래에서) 받기의 왼 팔꿈치를 밖에서 받기의 축 쪽으로(왼쪽에서 오른쪽으로) 민다.

받기는 저항하지 않고 오른발을 축으로 오른쪽 뒤로 회전한다(손은 팔꿈치를 잡고 있다).

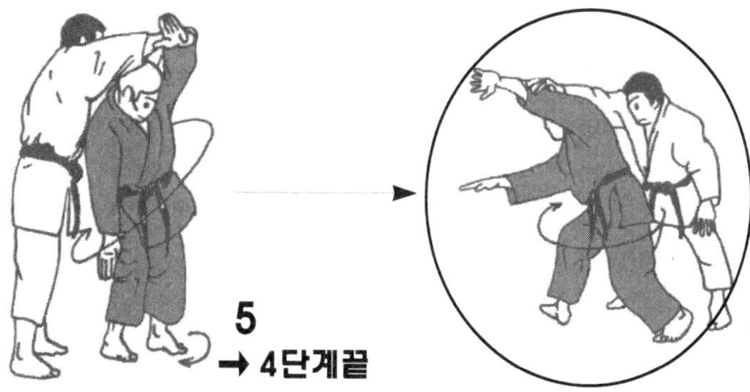

5
→ 4단계끝

5-1

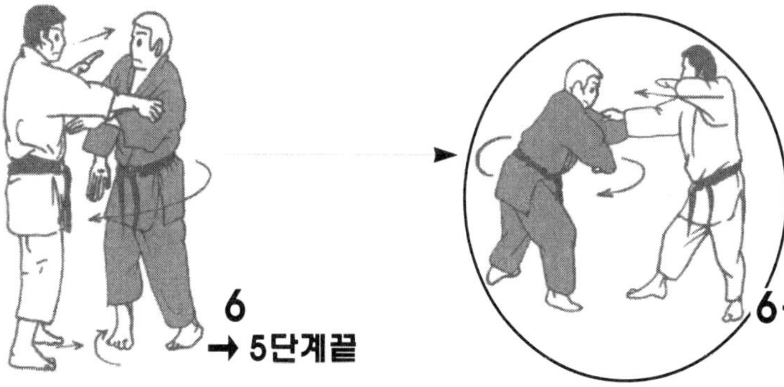

6
→ 5단계끝

6-1

받기가 완전히 잡기와 마주하면 잡기는 다시 유리해진다. 잡기도 왼발을 받기를 향해 내밀면서 왼손으로 받기의 눈을 찌르려고 한다.

7
→ 6단계끝

7-1

받기는 오른발을 뒤로 옮기고 왼발도 같은 방향으로 돌면서 피한다. 그와 동시에 잡기는 오른손으로 받기 왼손목을 잡고 받기가 1단계에서 했던 것처럼 바깥으로 밀린다.

8
→ 7단계끝

8-1

잡기는 오른발을 내밀어 중심을 잡고 받기가 2단계에서 했던 것처럼 오른손을 갈퀴처럼 받기의 오른손목을 잡는다.

9 9-1 9-2

→ 8단계끝

받기는 내가 3단계에서 했던 것처럼 왼손을 잡기 오른손목에 받치고 잡기를 오른쪽에서 왼쪽으로 원을 그리며 회전시킨다.

10 10-1

→ 9단계끝

잡기는 왼발을 뒤로 옮기고 몸을 낮춰 받기의 팔 밑을 지나 돌면서 결정적인 우위를 얻는다. 잡기는 받기에게 등을 돌렸을 때, 발을 떼지 않고 상체를 조금 더 돌려 왼손을 받기의 허리를 감싼다. 잡기는 왼손으로 잡아 왼쪽 허리띄기로 받기를 들어 올린다.

잡기는 받기를 천천히 내 왼쪽 허리에 들어 올린다. 받기는 몸이 평행이 되도록 한다.

11

- 받기는 오른손으로 항복 신호를 보낸다. 잡기는 받기를 내려놓는다. 잡기와 받기는 몸을 일으켜 본의 시작 위치에 가서 자연체로 선다.

부드러운 본의 마무리

잡기와 받기는 함께 처음의 위치로 돌아간 후, 동시에 오른쪽 발부터 1보 크게 후퇴하여 양발을 모으며 직립자세에서 동시에 인사(입례)를 한다. 계속해서 상석을 향해 돌아서서 인사(입례)를 하고 다시 서로 마주본 뒤, 서서히 뒤로 물러나며 퇴장한다.

제 4 장

호신의 본(KIME-NO-KATA)

제4장 호신의 본(KIME-NO-KATA)

호신의 본은 진검 승부에서 가장 유효하게 사용할 수 있는 기술들을 연습 할 목적으로 만들어 진 것이기 때문에 이 기술들을 수련함으로써 날렵한 몸의 움직임과 적절한 호신의 방법을 몸으로 습득할 수 있는 것이 가능해진다.

앉아서하기 I-DORI

두손잡기 RYOTE-DORI	지르기 TSUKKAKE	이마훑기 SURI-AGE
관자치기 YOKO-UCHI	뒤로잡기 USHIRO-DORI	칼찌르기 TSUKIKOMI
칼베기 KIRIKOMI	칼옆찌르기 YOKO-ZUKI	

서서하기 TACHIAI

두손잡기 RYOTE-DORI	소매잡기 SODE-DORI	지르기 TSUKKAKE
턱치기 TSUKI-AGO	이마훑기 SURI-AGE	관자치기 YOKO-UCHI
차기 KE-AGE	뒤로잡기 USHIRO-DORI	칼찌르기 TSUKKOMI
칼베기 KIRIKOMI	긴칼빼기 NUKI-GAKE	긴칼베기 KIRI-OROSHI

호신의 본의 시작

상석으로 볼 때 잡기는 오른쪽에서 받기는 왼쪽에서 들어온다. 이 때 받기는 오른손에 검과 단도를 띠 높이로 위치하고 칼날은 위로 한다. 2개의 무기는 날 밑 뒤로 위치하고 단도는 몸 안쪽과 검 사이에 엄지손가락을 위로하고 움푹한 곳에 쥐고 있는다. 서로 6m 정도 거리를 두고 상석을 향해 돌아서서 직립자세에서 입례를 한다. 그리고 서로 무릎을 꿇고 인사를 준비한다. 이 때 받기는 앉은 자세에서 검을 오른쪽 30cm 정도 바깥쪽에, 단도는 가까운 쪽에 나란히 놓는다. 잡기와 받기는 서로 앉은 자세에서 마주보고 좌례를 한 뒤, 받기는 오른손에 단도와 검을 쥐고 일어나서 무릎 꿇고 있는 잡기와 마주한다. 받기는 그 자리에서 반 바퀴 돌아 본의 축으로부터 2보 멀어진다. 받기는 다시 무릎을 꿇어 무기들을 수직으로 보여주고 나서 앞에 놓는다. 받기는 왼손으로 다시 무기를 놓는데 이번에는 앞에 나란히 본의 축에 직각이 되도록 놓는다(단도를 더 가까이, 두 칼날은 자기 쪽으로 손잡이는 상석을 향하고 날밑이 무기의 끝보다 낮지 않도록 주의해야 한다). 받기는 무릎 꿇은 자세에서 잡기를 등진 채 몸을 일으키고, 잡기도 동시에 일어선다. 잡기와 받기는 왼발과 오른발로 앞으로 다가선 후 발을 벌리고 자연체를 한다. 잡기와 받기는 대칭을 이루는 걸음으로 왼발부터 도장의 중앙까지 가서 1m 정도 거리를 두고 선다. 잡기와 받기는 다시 무릎 꿇은 자세를 한다. 머리를 왼쪽 어깨 쪽으로 약간 기울이면서 잡기와 받기는 주먹을 앞에 놓고 서로의 무릎이 주먹 두 개가 들어갈 정도의 거리가 될 때까지 다가간다.

바르게 앉은 자세 hiza-zume

잡기와 받기는 가까운 거리 무릎 꿇은 자세에서 상체를 곧게 펴고 깊은 복식호흡을 하며 정신을 가다듬는다. 첫 번째 기술을 할 준비를 마친다.

앉아서하기 I-DORI

1. 두손잡기 Ryote-dori

1

잡기와 받기는 무릎을 꿇고 두 손을 허벅지에 올려놓는다.

받기는 발가락을 세우지 않고 순간 몸을 앞으로 숙여 두 손으로 잡기의 손목을 잡는다.

2

3

잡기는 발가락으로 지탱하면서 받기가 앞 중심을 잃도록 손을 양쪽으로 벌려 뒤로 당기면서 대응한다.

4

4-1

4-2

잡기는 빠져나오려고 하지 않고 오른발 끝으로 '기합 소리'와 동시에 받기의 복부를 찬다.

5

5-1

잡기는 오른 무릎을 꿇고 손의 이중동작으로 왼쪽으로 회전한다. 왼손을 안쪽으로 돌려, 받기의 왼 손목을 잡고 잡힌 오른손은 들어 손가락을 갈퀴처럼 받기의 왼 손목을 밑에서 잡아 왼쪽으로 꺾는다.

잡기는 왼 무릎을 들면서 강하게 회전한다.

6

7

잡기는 받기의 뻗은 팔의 윗부분에 팔꿈치를 받치면서 받기의 왼 손목을 앞으로 위로 조금 당기면서 왼쪽 뒤로 크게 회전한다. 이때 잡기는 왼발과 오른 무릎을 왼쪽 뒤로 옮기면서 효과적인 겨드랑이대 팔꺾기로 제압한다. 그 즉시 받기는 오른손으로 허벅지를 치면서 항복 신호를 보낸다. 잡기와 받기는 바르게 앉은 자세로 되돌아간다.

◈ 중요한 점

- 잡기가 너무 가까이 있으면, 무릎으로 칠 수 있지만 좋은 자세는 아니다.
- 잡기는 겨드랑이대 팔꺾기에서 오른쪽 겨드랑이로 받기의 왼쪽 팔꿈치를 꼼짝 못하게 해야 한다.

2. 지르기 Tsukikake

1

바르게 안은 자세에서 잡기와 받기는 무릎을 맞대고 꿇어앉는 자세를 한다.

받기는 발가락을 세워 몸을 일으키며 오른 주먹을 뒤집어 잡기의 배를 가격한다.

2

3

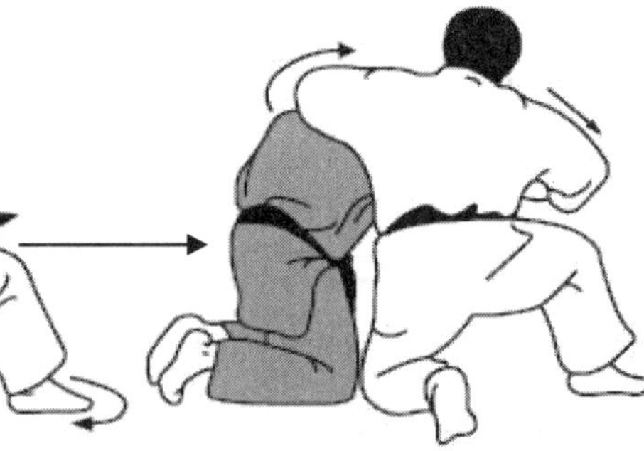

3-1

잡기는 피하면서 반격을 한다. 잡기는 왼발가락을 세워 몸을 일으키고 오른 무릎을 세우고 왼손바닥으로 받기의 팔을 빗나가게 하면서 오른쪽 뒤로 4분의 1 바퀴 회전한다. 그와 동시에 잡기는 받기의 오른손목을 왼손가락으로 덮으면서 받기의 오른손목을 잡기의 복부 쪽으로 잡아당긴다. 동시에 잡기는 오른 주먹으로(바닥은 위로) 받기의 눈 사이를 치면서 반격 한다. 이 모든 동작 들은'기합 소리'와 동시에 이루어져야 한다.

4

4−1

그 즉시 잡기는 오른손으로 받기의 오른 주먹 등을 잡아 앞으로 힘껏 당긴다. 그와 동시에 잡기는 잡힌 팔과 같은 방향으로 받기의 유도복의 뒷깃을 왼팔로 감는다.

5

6

오른손으로 잡아당기고 왼손으로 받기의 도복 왼쪽 깃을 잡으면서 회전을 많이 주어 상대 받기의 중심을 무너트린다. 받기는 이때 이와 같은 두 가지의 위협을 견디지 못한다. 안아조르기와 잡기 배위에 받기의 오른 주먹은 잡기의 오른 허벅지 위에 배대팔꺾기를 한다. 오른발과 왼 무릎을 잡기의 오른쪽 앞으로 옮기면서 이와 같이 위협적인 공격을 할 수 있다. 항복 신호 후, 잡기와 받기는 다시 바르게 앉는 자세를 한다.

◈ 중요한 점

- 이 방어의 첫 번째 단계에서 받기가 스스로 잡기의 주먹에 몸을 던질 수 있도록 하며 잡기는 방어와 끌기 그리고 급소 지르기가 동시에 완벽하게 이루어져야 한다.
- 배대팔꺾기를 위해 잡기는 앞으로 몸을 굽히는 게 아니라 배로 받기의 팔꿈치를 밀어야 한다. 잡기는 중심을 잃는 일이 없어야 하며 마지막 걸음걸이가 효과적인 위협으로 나타나야 한다.

3. 이마흝기 Suri-age

1

바르게 앉은 자세에서 잡기와 받기는 무릎을 맞대고 앉는 자세를 한다.

발가락을 세워 몸을 일으키면서 받기는 손바닥으로 잡기를 공격한다. 이때 손가락 끝은 앞으로 잡기의 이마 쪽으로 하고 잡기는 약간 몸을 젖힌다.

2

3

3-1

잡기는 왼손을 갈퀴처럼 하고 몸을 약간 일으키고 받기의 팔꿈치를 잡으면서 받기의 손목 밑에서 오른손바닥으로 밑에서 위로 치는 공격을 피한다. 중심을 잡기 위해 잡기는 발가락을 세워 몸을 일으킨다.

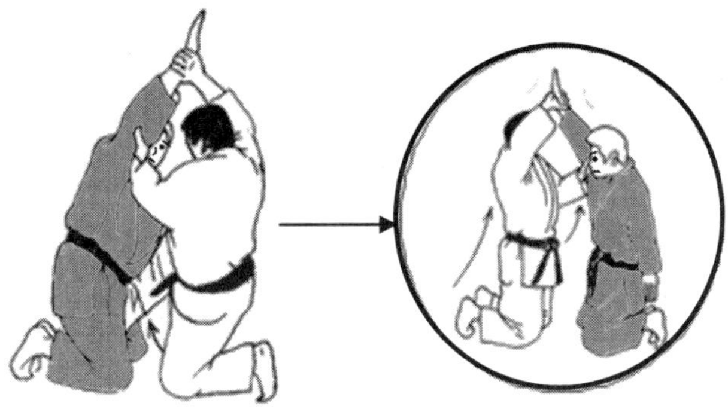

4　　4-1

잡기는 정면에서 오른발 끝의 급소 지르기로 받기를 찬다. '기합 소리'.

잡기는 오른손으로 받기의 손목을 잡고, 왼 무릎으로 회전하고 오른 무릎으로 물러나 공격 축에 나란히 자리하면서 두 손으로 받기의 팔을 앞으로 당긴다.

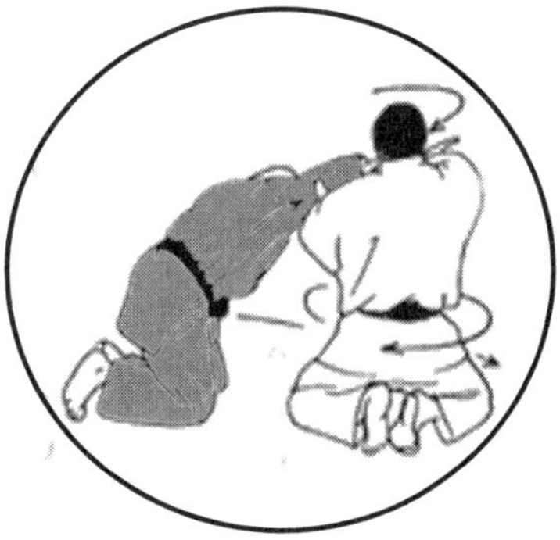

5

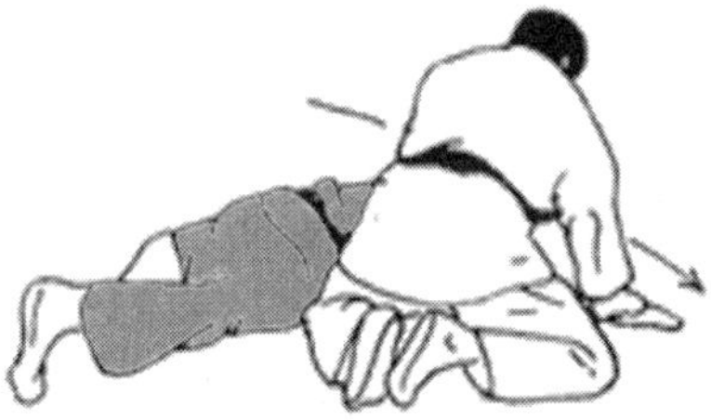

중심이 크게 흔들린 받기는 오른손바닥을 바닥에 대고 잡기 앞에 엎어진다.

6

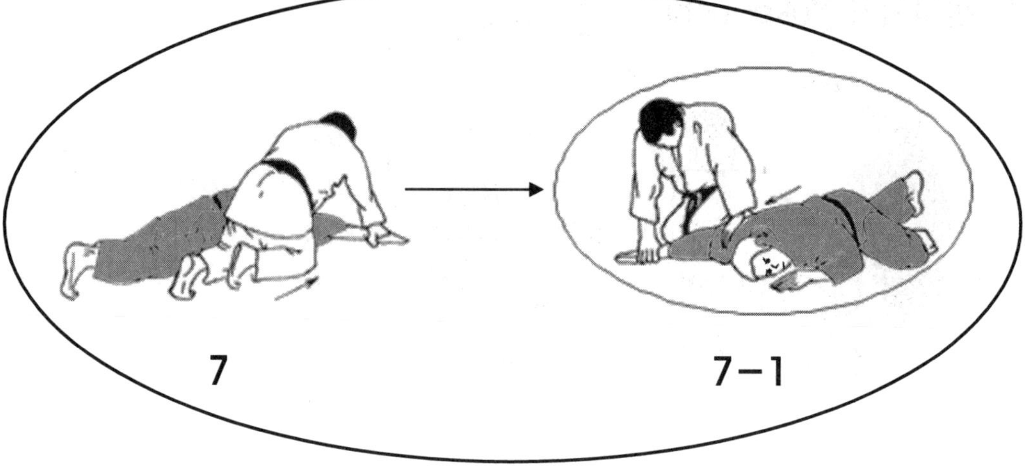

잡기의 왼손은 받기의 팔꿈치에 받치고 뻗은 팔위를 힘주어 누르면서 오른 무릎과 왼 무릎으로 앞으로 간다. 잡기는 받기의 팔 관절에 왼 무릎을 올려놓고 누르는 위협을 한다.

'항복신호' 후, 잡기와 받기는 다시 바르게 앉은 자세를 한다.

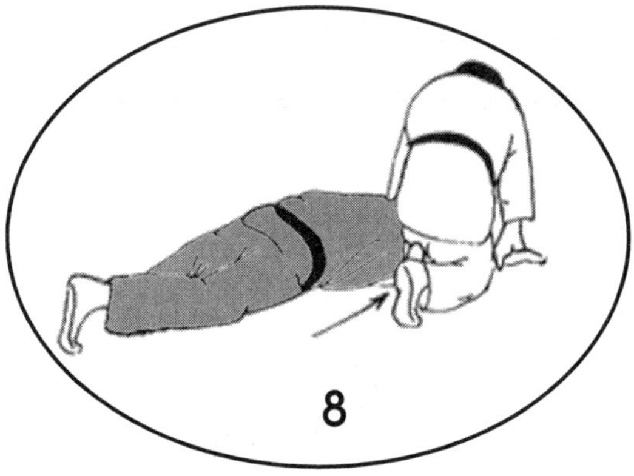

◈ 중요한 점

- 잡기는 받기의 뻗은 팔을 자신의 오른 옆구리에 비해 90도 각도에 가져와야 한다.
- 잡기는 무릎을 팔 쪽으로 끌고 갈 때, 앞 중심을 잃지 않도록 해야 하며 허리를 낮추어야 한다.
- 잡기의 왼 무릎은 팔꿈치 높이의 받기의 삼두근 인대 누르기로 위협한다.

4. 관자치기 Yoko-uchi

1

바르게 앉은 자세의 잡기와 받기.

받기는 발가락을 세워 몸을 일으키면서 오른 주먹을 들어 바닥은 위로하고 잡기의 왼쪽 관자놀이를 옆 방향에서 친다.

2

3

3-1

잡기는 상체를 왼쪽 앞으로 숙이고 받기의 팔 밑에 머리를 넣으면서 피한다.

4

4-1

잡기는 오른팔로 받기의 목을 감싸고 왼손을 받기의 오른쪽 허리에 붙이면서 오른발을 받기의 오른쪽 옆으로 크게 내민다.

받기는 지렛대 효과에 의해 뒤로 넘어간다. 잡기는 왼발가락으로 몸을 지탱하면서 완벽하게 제압한다. 받기의 등이 닿았을 때, 잡기는 받기의 오른팔을 위로 밀면서 머리 오른쪽 옆에서 어깨누르기 자세를 한다.

5

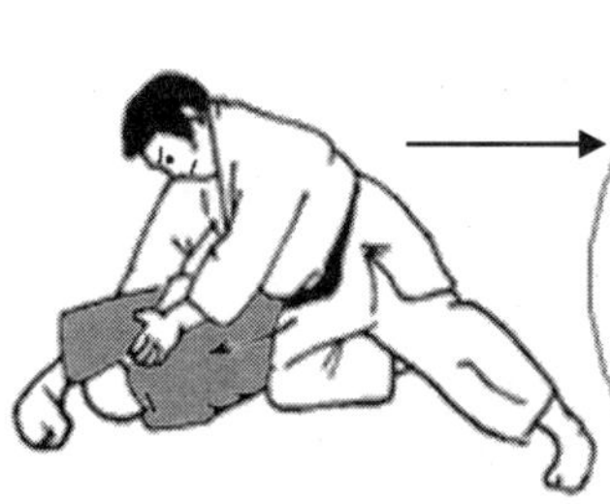

6

6-1

잡기는 이 제압을 멈추고 오른손바닥으로 지탱하면서 일어나 왼손으로 받기의 오른팔을 얼굴에 강하게 밀어붙여 그대로 유지한다.

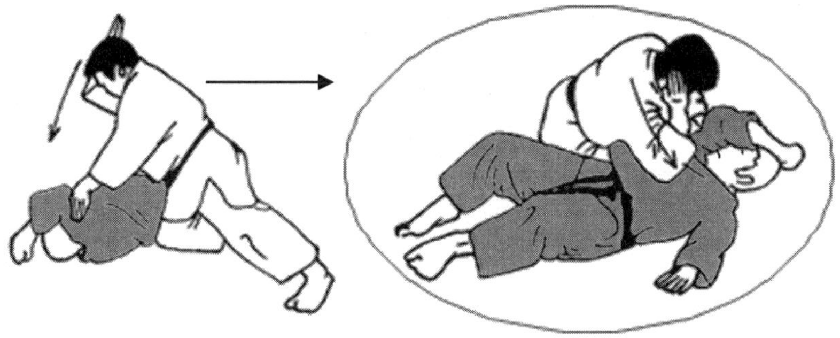

7 7-1

잡기는 오른 팔뚝을(손은 펴고 손가락은 위로) 수직으로 들어 '기합 소리'를 내면서 받기의 급소(가슴)를 오른 팔꿈치 끝으로 강하게 친다. 잡기와 받기는 다시 바르게 앉은 자세를 한다.

◈ 중요한 점

- 받기가 뒤로 넘어갈 때 잡기와 받기의 몸이 서로 떨어지지 않아야 한다.
- 잡기는 온몸으로 팔꿈치 치기를 받쳐야 한다.
- 잡기의 팔꿈치치기는 받기를 완파한 것으로 간주되므로 이 기술에서 받기는 항복 신호를 보내지 않는다.

5. 뒤로잡기 Ushiro-dori

1

잡기와 받기는 서로 마주 앉는다.

받기는 바르게 앉은 자세에서 일어나 잡기의 오른쪽으로 돈다(잡기와 상석사이로 지나가지 않도록 하고 뒤에 선다).

2

3

받기는 잡기 뒤에서 다시 무릎을 꿇는다.

받기는 발가락을 세워 몸을 일으키면서 잡기의 오른쪽 옆으로 오른발을 내밀고 어깨높이에서 두 손으로 잡기를 감싸 안는다.

4

4-1

5

잡기는 업어치기 할 때처럼 두 손으로 받기의 왼쪽 어깨를 잡고 업어감아치기로 구른다. 잡기는 받기와 같이 구르고 받기가 누울 때까지 긴밀한 접촉을 유지한다.

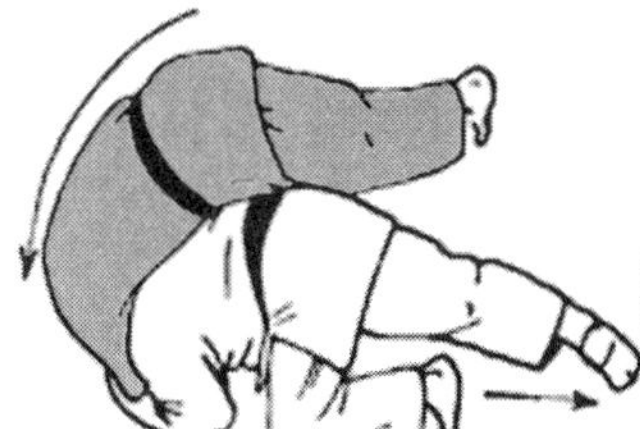

6

6-1

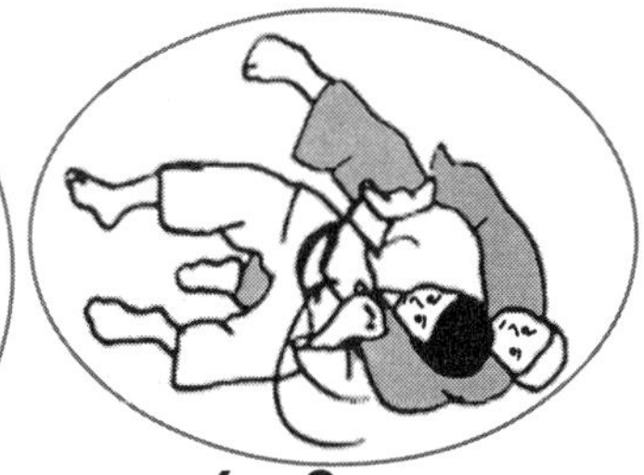

6-2

잡기는 가볍게 몸을 일으켜 오른팔을 받기의 가슴에 비스듬히 두면서 그 자세를 유지한다. 같은 동작에서 잡기는 왼 주먹을 들어 크게 원을 그리며 '기합 소리'와 함께 받기의 급소를 내려친다. 받기는 항복신호를 보낼 필요 없이 잡기가 받기를 놓아주면 받기는 일어나서 기술을 시작할 때처럼 잡기 뒤에서 무릎을 꿇는다.

◈ 중요한 점

- 메치기 마지막에 잡기는 오른 팔꿈치와 옆구리 공격으로 받기를 제압한다.
- 잡기는 받기의 몸 위에서 부술 것처럼 온힘을 다해 주먹치기를 한다.
- 무릎을 꿇고 맨손으로 공격하는 동작이 끝나면 잡기와 받기는 무기를 이용한 공격을 하기 전에 무릎 꿇은 자세로 마주 본다.

6. 칼찌르기 Tsukikomi

1

받기는 일어서서 무기를 가지러 뒤쪽으로 향한다. 받기는 무릎을 꿇고 두 손으로 단도를 쥐고 수직으로(오른손은 손잡이 위에) 들어올려 도복 왼쪽 안에 넣는다(칼날은 위로, 칼집 끝은 띠 밑에 끼워 넣는다). 받기는 일어나서 잡기를 향해 돌아서서 다가가 50cm 정도 거리를 두고 무릎 꿇은 자세를 한다.

잡기와 받기는 무릎 꿇은 자세에서 손을 허벅지에 올려놓는다. 다시 받기는 두 주먹을 매트 바닥에 짚고 잡기쪽으로 좀 더 다가간다.

2

3

3-1

받기는 왼손으로 단도 집을 잡고 오른손으로 칼을 뽑는다. 받기는 단도를 뽑아 오른쪽 옆에 들고 왼발을 내밀며 몸을 일으키면서 잡기의 복부를 찌른다.

선자세의 공격처럼, 피하기 → 반격 → 최후제압 '팔꺾기'를 한다.

4

5

5-1

5-2

항복신호 후, 받기와 잡기는 무릎 꿇은 자세로 마주한다. 받기는 무기를 칼집에 넣는다.

◈ 중요한 점

- 선자세와 같지만 잡기는 무기에 더욱 조심해야 한다.

7. 칼베기 Kirikomi

1

잡기와 받기는 무릎을 꿇고 허벅지에 손을 올려놓는다.

받기는 도복에서 단도와 집을 꺼내 왼쪽 옆구리 띠 높이에 있는 왼손에 든다. 왼손으로 집을 들고 오른손으로 칼을 뽑아 머리위로 든다.

2

3

받기는 발가락을 세워 몸을 일으키면서 잡기를 향해 오른발을 내밀고 수직으로 잡기의 두개골을 친다. 잡기는 발가락을 세워 몸을 일으켜 바로 앞에서 두 손을 위로 든다.

4

4-1

4-2

잡기는 오른손을 갈퀴처럼 단도를 밑에서 잡고 왼손으로 받기의 손목 옆을 잡는다. 잡기는 그와 동시에 오른발을 오른쪽 뒤로 옮기면서 왼 무릎을 축으로 회전한다.

5

5-1

잡기는 양손을 잡혔을 때 공격에서처럼 겨드랑이대 팔꺾기를 한다. 받기는 앞 중심을 잃는다. 항복신호 후, 받기는 무릎 꿇은 자세에서 칼을 칼집에 넣고 도복안쪽에 넣는다. 잡기도 무릎 꿇은 자세로 마주한다.

◈ 중요한 점

- 잡기는 받기의 손목을 막으면서 동시에 회전해야 한다.
- 잡기는 오른발과 왼 무릎을 오른쪽 앞으로 끌면서 더 효과적으로 꺾을 수 있다.

8. 칼옆찌르기 Yoko-zuki

1

1-1

받기는 일어나서 잡기의 오른쪽으로 돌아(잡기와 상석사이로 지나가지 않도록 하고) 잡기 옆에서 약간 뒤로 30cm 정도 거리에서 무릎을 꿇는다. 잡기와 받기는 무릎 꿇은 자세에서 손을 허벅지에 올리고 시선은 앞을 바라본다.

2

2-1

받기는 왼 무릎을 잡기 쪽으로 들어 올리고 왼쪽으로(본의 축이 직각이 되게) 회전한다. 그와 동시에 받기는 칼을 뽑아 잡기의 오른쪽 옆구리를 찌른다.

3

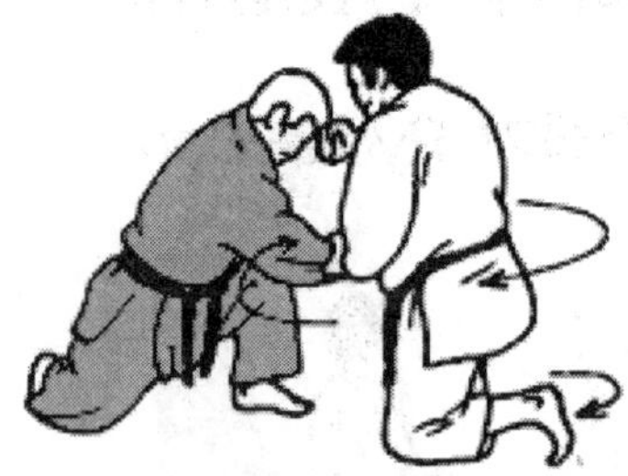

3-1

잡기는 왼 무릎을 축으로 오른쪽으로 회전하고 오른발을 크게 벌리고 오른 무릎을 세우면서 피한다. 피하기 → 반격 → 최후제압은 공격에서 했던 것과 같다.

4

'항복 신호' 후, 잡기와 받기는 다시 무릎 꿇은 자세를 한다. 받기는 칼을 칼집에 넣고 일어나서 잡기와 마주보며 꿇어앉는다. 받기는 일어나서 잡기를 등지고 무릎을 꿇고 검 옆에 단도를 놓는다. 받기가 일어설 때, 잡기도 일어난다. 받기는 잡기를 향해 돌아서서 2보 전진한다. 잡기와 받기는 4m 정도 거리를 두고 있다. 잡기와 받기는 1m 정도 거리가 될 때까지 서로 다가간다. 이렇게 해서 무릎 꿇은 자세에서 하는 연습은 끝이 난다.

서서하기 TACHIAI

1. 두손잡기 Ryote-dori

1

본의 첫 번째 부분인 무릎 꿇은 자세와는 다른 형태인 서서 공격하는 형태이다.

잡기와 받기는 자연체로 마주선다. 받기는 오른발을 내밀면서 두 손으로 잡기를 잡는다.

2

잡기는 받기가 중심을 잃도록 왼발을 약간 뒤로 옮기고 잡힌 손을 벌리면서 '기합 소리'를 내면서 발로 받기의 복부를 찬다.

3

잡기는 왼쪽으로 돌아 겨드랑이대 팔꺾기로 제압을 마친다.

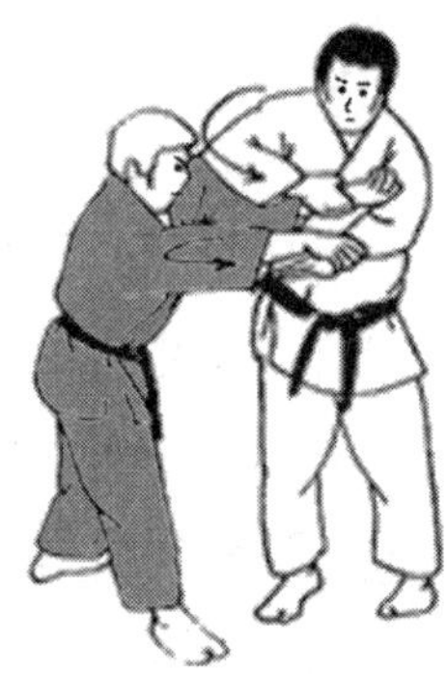

4

'항복 신호' 후, 잡기와 받기는 마주선다.

5

2. 소매잡기 Sode-tori

1

앞의 자세에서 받기는 오른쪽으로 돌아 잡기의 왼쪽 옆 뒤 대각선상에 자리한다.

받기는 잡기의 왼 소매 끝을 잡고 밑으로 당긴다. 받기는 오른손으로 팔꿈치 높이에서 소매를 잡고 왼손은 놓는다. 그와 동시에 받기가 오른발을 내미는 바람에 잡기는 오른발을 내밀 수밖에 없다. 받기는 왼발을 내밀면서 계속 민다. 나도 같이 대응한다.

2

3

받기가 오른발을 내밀면서 3보할 때, 잡기는 앞질러 오른발을 약간 오른쪽 앞에 내민다. 잡기는 왼쪽 뒤로 돌면서 오른발로 중심을 잡는다. 잡기는 왼 무릎을 들어 받기의 오른 무릎 바깥쪽을 발로(발뒤꿈치나 새끼발가락 옆면) 제압한다. '기합 소리'

잡기는 받기를 향해 돌면서 왼발을 받기의 오른 발 바깥쪽에 놓고 왼손으로 받기의 오른 소매를 잡고 오른손으로 받기의 왼 깃을 잡는다.

4

5

잡기는 오른 무릎으로 발다리후리기를 시도하여 받기를 강하게 메친다.

잡기는 바닥까지 제압한다.

6

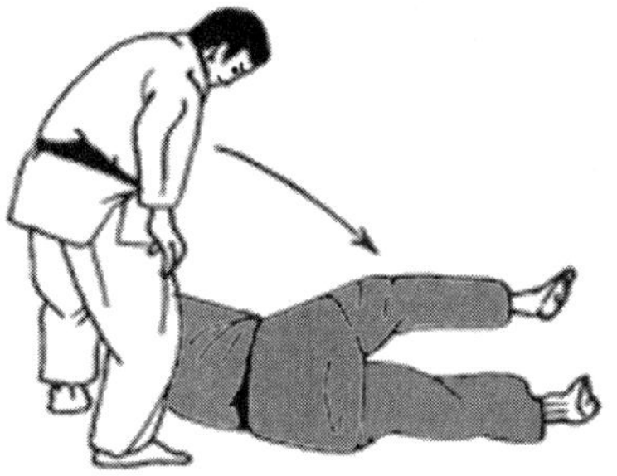

7

받기는 일어나서 본의 축에 자리하고 잡기는 돌아서서 같은 자세에서 마주선다.

◈ 중요한 점

- 잡기는 왼발가락을 세워 받기의 무릎에 급소지르기 할 때 힘을 싣는다.
- 잡기는 회전 여세를 몰아 단절 없이 급소지르기를 해야 한다.

3. 지르기 Tsukkake

1

잡기와 받기는 2m 정도 거리를 두고 마주 선다.

2

받기는 왼발을 내밀고 오른 주먹을 허리 높이에 쥐면서 공격을 준비한다.

3

3-1

받기는 왼발 오른발 짧은 이어딛기를 하면서 왼 주먹으로 치는 시늉을 한다. 받기는 오른발을 크게 내밀면서 오른 주먹을 잡기의 얼굴을 향해 휘두른다. 잡기는 오른발을 뒤로 옮기면서 피함과 동시에 오른손으로 받기의 손목을 잡는다. 잡기는 받기의 손목을 앞쪽 밑으로 잡아당긴다.

4

4-1

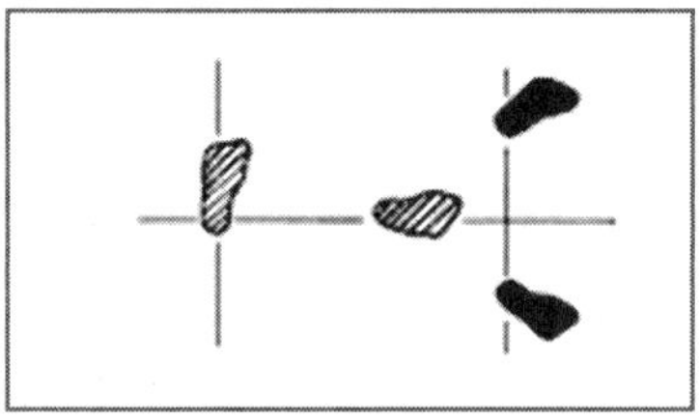

4번의 발의 방향

받기는 몸을 일으키고 오른팔을 뒤로 당기면서 대응한다. 잡기는 받기의 뒤 쪽으로 왼발 오른발 순서로 옮기면서 동작 방향으로 간다. 이 때 잡기는 오른 팔뚝을 받기의 목에 대고 받기의 뒤 균형을 잃게 한다. 잡기는 왼손으로 받기의 왼쪽 어깨를 잡으면서 잡기는 맨손조르기로 받기를 제압한다. 항복 신호 후, 잡기는 받기를 놓고 받기는 처음 위치로 되돌아온다. 잡기와 받기는 1m 정도 거리를 두고 다시 마주선다.

◈ 중요한 점

- 받기 뒤로 이동 한 잡기의 발은 받기의 발뒤꿈치 축과 직각이 되는 축에 있다. 잡기의 왼발도 오른발 축에 비해 90도에 위치한다.
- 잡기는 골반을 뒤로 빼고 받기의 머리 왼쪽에 머리를 바짝 붙이고 조른다. 받기는 뒤로 젖혀야 한다.

4. 턱치기 Tsuki-ago

1

잡기와 받기는 자연체로 마주선다.

받기는 오른발을 내밀며 오른 주먹을 밑에서 위로(어퍼컷) 원을 그리며 잡기의 얼굴을 가격 하려고 한다.

2

3

3-1

3-2

잡기는 몸을 젖혀 피하고 두 손으로 받기의 손목을 잡아 위로(공격의 처음 방향으로)당긴다. 오른손은 받기의 엄지 위로 잡고 왼손은 잡기의 오른손 아래 받기의 손목안쪽으로 향한다.

4

4-1

잡기는 왼발로 오른쪽 뒤로 회전하면서 받기의 팔을 계속 당겨 올린다. 잡기는 위에서 왼 팔꿈치로 팔을 받치고 이미 앞의 본에서 했던 겨드랑이대 팔꺾기로 마친다. 항복 신호 후, 잡기와 받기는 다시 마주선다.

◈ 중요한 점

- 받기는 오른발을 내밀고 거리에 따라 그 자리에서 공격할 수도 있다.
- 잡기는 허리를 들지 않고 받기의 오른발 앞으로 오른발 왼발 끌면서 효과적으로 제압한다.
- 만일, 잡기의 팔꺾기가 충분하지 않다면 잡기는 오른쪽으로 몸을 돌려 발을 비스듬히 앞으로 끌면서 받기의 팔을 왼쪽 옆구리에 받쳐야 한다.

5. 이마훑기 Suri-age

1

서로 1m 정도 거리를 두고 마주선다.

받기는 오른발을 내밀면서 오른손으로 밑에서 위로 잡기의 이마를(머리를 젖혀 목이 부러지게 하려는 듯) 공격한다. 잡기는 몸을 젖히면서 피하고 왼 팔뚝을 받기의 팔 밑에 넣어 저지한다.

2

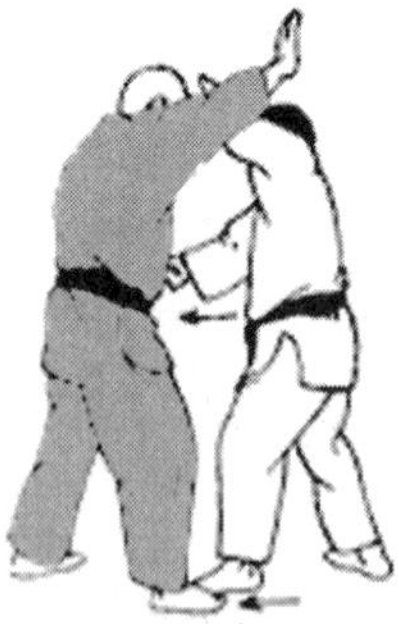

3

3-1

잡기는 왼팔을 들면서(손바닥은 받기 쪽으로) 방어하고 아주 가까이서 오른 주먹치기로 반격한다. '기합 소리' 동작에서 잡기는 왼발을 받기의 두 발 사이로 내민다.

잡기는 왼발을 축으로 오른쪽 뒤로 회전하고 잡기의 어깨에 있는 받기의 팔에 신경 쓰지 않고, 왼팔을 받기의 등에 댄다.

4

4-1

5

오른손으로 받기의 왼 소매를 잡으면서 허리띄기 기술로 메치면서 끝까지 제압한다.

잡기와 받기는 이 기술을 시작할 때처럼 2m 거리를 두고 마주선다.

6

6-1

◈ 중요한 점

- 왼 팔뚝으로 방어할 때, 마지막 충격은 잡기의 주먹치기 반격의 충격과 전적으로 동시에 해야 한다.
- 잡기는 정면에 있어야 하며 빠르고 힘차게 회전해야 한다.

6. 관자치기 Yoko-uchi

1

잡기와 받기는 2m 정도 거리를 두고 자연체로 마주선다.

받기는 오른 주먹을 들고 왼발을 내민다.

2

3 3-1 3-2 3-3

받기는 잡기의 왼쪽관자놀이 방향으로 크게 원을 그리며 주먹바닥을 위로하고 치면서 오른발을 내민다. 잡기는 앞으로 몸을 굽히며 왼발을 왼쪽으로 비스듬히 내밀면서 머리를 받기의 팔 바깥쪽 밑으로 집어넣으며 피한다. 이 때 잡기는 오른팔을 받기의 오른쪽 어깨 밑으로 넣어 오른손으로 받기의 왼 깃을 가능한 가장 높이(귀밑부분) 잡아 받기의 목을 뒤로 저지한다.

4 4-1 4-2

잡기는 오른발을 재빨리 옮겨 받기의 등 뒤에 서서 왼손으로 받기의 왼쪽 어깨위로 오른 깃을 잡는다(엄지는 안쪽에). 잡기는 안아조르기를 위한 자세를 만든다. 잡기는 받기가 뒤 중심을 잃도록 왼다리를 뒤로 옮기고 이마를 받기의 목덜미에 받치고 허리를 낮추면서 조르기를 보강한다. 항복 신호 후, 잡기는 받기를 놓고 잡기와 받기는 이 기술의 처음 위치에서 같은 거리를 두고 선다.

◈ 중요한 점

- 잡기는 받기의 오른 깃을 왼쪽 어깨로 끌어당기기 전에 받기의 오른쪽 경동맥에 왼쪽 엄지를 정확하게 받쳐야 한다.
- 받기의 목에 대한 저지는 조르기의 효과를 보강한다.
- 뒤 균형을 잃은 받기는 효과적인 저항을 할 수 없게 된다.
- 받기의 발에 비해 잡기의 마지막 발의 자세는 선자세 기술의 마지막과 같다.

7. 차기 Ke-age

1

잡기와 받기는 자연체로 마주선다.

받기가 오른 무릎을 들고 치켜든 발끝으로 잡기의 하복부를 공격한다.

2

3

잡기는 오른발을 뒤로 옮기고 왼발을 축으로 오른쪽 뒤로 약간 회전하면서 오른손으로 받기의 발목을 바깥 쪽 밑에서 잡으며 피한다.

4

잡기의 왼손바닥은 둥글게 만들어 오른쪽으로 원을 그리며 잡는다.

잡기는 잡은 받기의 발을 위로 들고 허리를 정면으로 가져오면서 약간 왼쪽으로 다가선다.

5

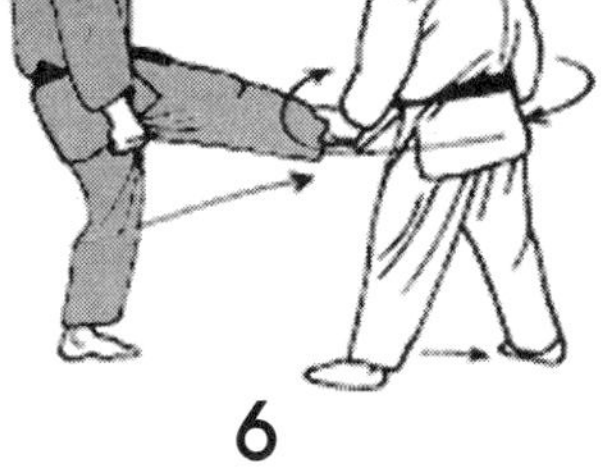

6

이 동작을 할 때 잡기는 오른손으로 받기의 발목을 안쪽에서 잡는다.

이 동작으로 인해 받기의 다리가 약간 왼쪽으로 벌어지게 되고 잡기는 오른 발등으로 하복부를 공격할 수 있게 된다. '기합소리'

7

8

8–1

잡기와 받기는 오른다리를 내리고 처음자세로 되돌아간다.

◈ 중요한 점

- 잡기는 허리를 오른쪽으로 틀면서 동시에 왼손바닥을 둥글게 만든 동작(왼쪽에서 오른쪽 위로)을 해야 한다.
- 잡기와 받기는 발로 급소지르기를 할 때, 지탱하는 다리를 약간 구부리고 발가락을 세워야 한다.

8. 뒤로잡기 Ushiro-dori

1

앞의 위치에서 받기는 잡기의 오른쪽으로 돌아 뒤에서 1m 정도 거리를 두고 본의 축에 선다.

잡기는 아무 일도 없다는 듯 왼발 오른발 내딛는다.

2

3

4

받기도 거리를 유지하면서 왼발 오른발 따라온다.

잡기와 받기는 세 번째 왼발을 내밀 때, 받기는 리듬을 깨고 오른발을 잡기의 오른발 바깥에 크게 내딛는다(이 때 받기는 아직 잡기의 뒤에 위치).

5

6

받기는 두 팔로 잡기의 팔꿈치 위를 감싸면서 잡기를 꼼짝 못하게 한다.

잡기는 완전히 제압당하기 전에 두 손을 받기의 오른쪽 어깨로 가능한 가까이 잡아 몸을 낮추면서 팔꿈치를 약간 벌려 잡은 것을 들어올린다.

7

8

8-1

잡기는 오른 무릎을 꿇으면서 오른발은 받기의 다리 사이에 지탱하고 업어치기로 받기를 오른쪽 어깨 너머로 메친다.

잡기는 떨어지는 것을 제압하고 오른 손 날의 급소지르기로 받기의 코끝을 친다. '기합 소리'

9

9-1

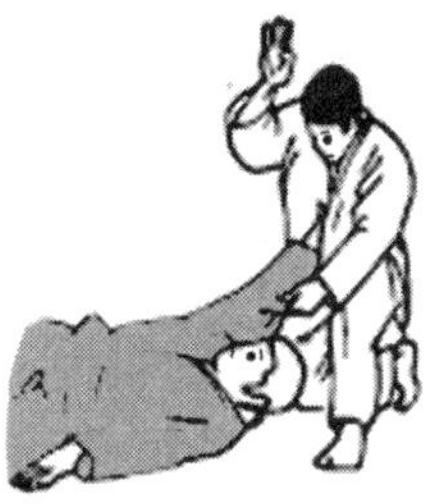

10

잡기와 받기는 다시 일어나서 이 기술의 시작 자세를 한다.

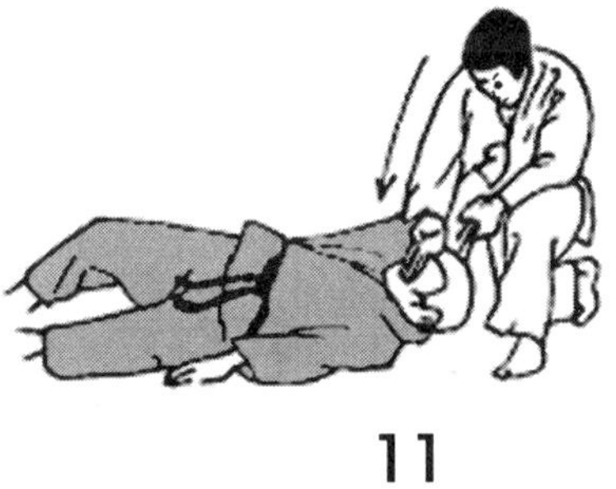

11

11-1

서서하는 맨손공격의 본이 모두 끝이 났다.

◈ 중요한 점

- 잡기는 오른 무릎을 꿇으면서 동시에 손으로 끌어당겨야하는데 그렇지 않을 경우 잡기는 앞 균형이 심하게 흔들리거나 받기의 힘에 밀려 넘어진다.
- 잡기는 무릎을 꿇을 때, 오른발을 약간 뒤로 옮기면 쉽게 메칠 수 있다.
- 잡기는 누워있는 받기를 손으로 치려고 할 때, 마지막 반격을 하기 전에 받기가 몸을 돌려 피하지 못하도록 하고 왼손으로 받기의 오른 깃을 단단히 잡아 위로 끌어당겨야 한다.
- 잡기는 손에 온 몸의 무게를 실어 마지막 급소지르기를 한다.

9. 칼찌르기 Tsukikomi

1

잡기는 자연체로 있고 받기만 등을 돌려 단도를 찾으러 간다. 받기는 단도를 들고 일어나서 1m 정도 거리를 두고 잡기와 마주선다.

받기는 도복위로 칼집을 왼손에 쥐고 크게 왼발 1보 하면서 오른손으로 칼을 뽑아 잡기의 복부를 찌른다. 이 때 칼날은 위로 향한다.

2

3

잡기는 손목을 잡혔을 때의 시리즈에서처럼 피하면서 대응한다. 오른발을 뒤로 옮기고 왼발을 축으로 오른쪽 뒤로 돌아 왼손으로 받기의 손목에 측면 방어 오른 주먹으로(손가락관절은 위로) 받기의 두 눈 사이에 급소지르기를 한다. '기합 소리'

잡기는 무릎 꿇은 선자세의 기술에서처럼 마무리한다.

4

5

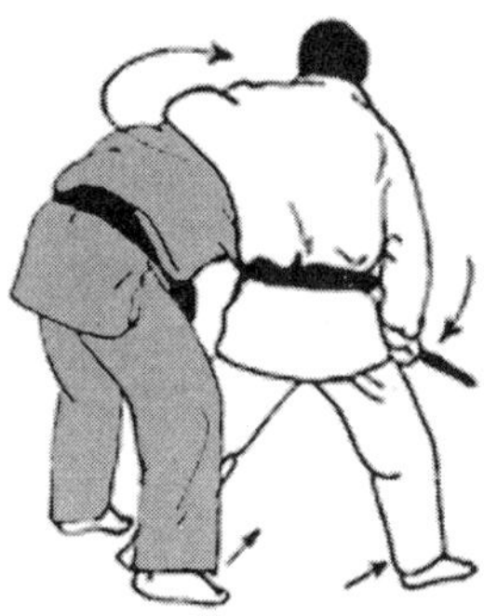

6

선 자세에서 오른쪽 앞으로 오른발 왼발 끌면서 안아조르기와 팔꺾기를 시도한다. 항복 신호 후, 받기는 무기를 다시 칼집에 넣고 나서 잡기와 마주선다.

10. 칼베기 Kirikomi

1

손목을 잡혔을 때의 내려치기와 일치한다.

받기는 단도를 머리위로 들고 크게 오른발 1보 하면서 위에서 밑으로 휘두른다.

2

3

4

잡기는 두 손으로 받기의 손목을 잡으면서 대응한다.

잡기는 오른발을 뒤로 옮기면서 왼발을 축으로 오른쪽으로 회전한다.

5

5-1

6

잡기는 손목을 잡혔을 때의 시리즈에서처럼 겨드랑이대 팔꺾기로 마무리한다. 항복신호 후, 받기는 단도를 칼집에 넣고 도복 왼쪽 안에 넣고 처음자세로 서있는 잡기와 마주선다.

11. 긴칼빼기 Nuki-gake

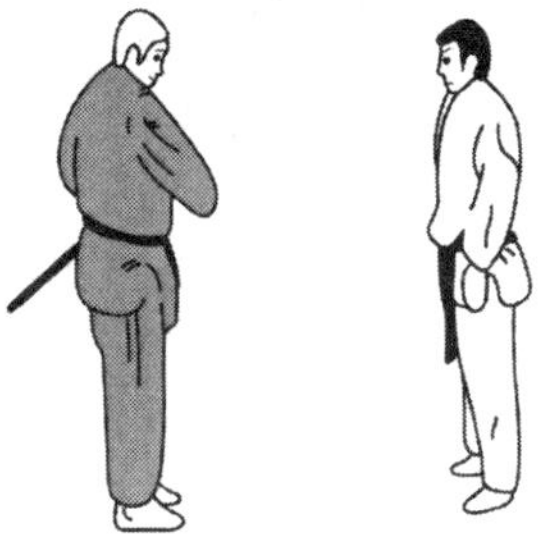

1

잡기는 자연체로 있고 받기는 잡기를 등지고 본의 축으로 가서 무릎 꿇은 자세로 단도를 매트에(날밑은 상석 칼날은 받기 쪽으로) 놓는다. 받기는 검을 앞에서 수직으로 든다(칼날은 자기 쪽으로 칼집 끝은 바닥에 대고). 받기는 띠를 왼쪽 옆으로 벌리고, 오른손으로 무기를 들어 띠 안으로 밀어 넣는다. 받기는 잡기와 마주서서 칼을 뽑을 때까지 오른손을 오른쪽 허벅지에 올리고, 왼손 엄지로 검의 날밑을 위에서 잡는다. 받기는 일어나서 잡기 쪽으로 몸을 돌려 2m 정도 거리를 두고 잡기와 마주선다. 오른손은 오른쪽 옆구리를 따라 자연스럽게 내린다. 잡기와 받기는 비껴치기 기술을 할 준비가 되었다.

받기는 오른손을 검의 날밑에 대고 오른발을 앞으로 1보 하면서 칼을 뽑으려고 한다.

2 2-1

3

3-1

3-2

3-3

상체 부분의 동작을 나타냄

잡기는 받기를 향해 오른발을 앞으로 1보 하고 오른손을 받기의 오른손목에 올려놓으면서(손가락은 붙여 받기 쪽으로) 상대를 친다. 잡기는 왼손으로 받기의 왼쪽 어깨너머 도복 오른 깃을 잡으면서 왼발을 받기 뒤로 옮긴다(오른발을 축으로 회전한다). 그와 동시에 잡기는 오른팔을 받기의 오른팔 밑으로 넣어 칼날에 신경쓰지 않고 오른손으로 받기의 오른쪽 어깨를 잡아 무기를 든 손을 들어올린다. 칼날이 더 많이 보이지만 칼집에서 완전히 빠져나오지 못하는데 그 이유는 잡기가 왼팔을 목 밑으로 넣고 오른 손등을 목덜미에 대고 약간 왼쪽으로 돌아 손과 몸의 연결동작으로(왼발을 뒤로 옮기고) 죽지걸어조르기로 받기의 뒤 균형을 잃게 했기 때문이다. 받기는 왼손이나 발로 다다미를 치면서 항복신호를 보낸다. 잡기가 놓으면 받기는 검을 칼집에 넣고 다시 잡기와 마주선다.

◈ 중요한 점

- 잡기는 받기의 오른쪽 경동맥을 왼쪽 엄지로 받치고 깃을 잡아당겨야 한다.
- 잡기는 받기 뒤로 왼발을 옮길 때, 상체를 약간 앞으로 기울이면서 허리를 낮춘다.

12. 긴칼베기 Kiri-oroshi

1

받기는 칼을 뽑으면서 오른발을 내민다.

받기는 칼을 완전히 뽑아 오른발을 내밀고 두 손으로 날밑을 잡고(검의 끝이 잡기의 두 눈을 향하고) 공격할 준비를 마친다. 받기는 오른발 왼발 짧게 이어딛기하면서 칼끝으로 찌르는 동작을 취한다.

2

3

3-1

받기는 왼발을 내밀면서 머리위로 무기를 들어 수직으로 내려치려고 한다. 잡기는 재빨리 왼발을 내밀어 그 동작 안에 들어가서 검이 날아드는 위험한 지역에서 피한다.

4

4-1

4-2

4-3

4-4

받기가 마지막으로 오른발을 내밀면서 위에서 밑으로 내려칠 때, 잡기는 왼발을 축으로 오른쪽 뒤로 돌아 피하면서 무기가 내려올 때, 오른손으로 받기의 손목을 잡는다. 잡기는 받기의 손목을 잡아 팔을 앞으로 잡아당기며 앞의 기술에서처럼 왼팔을 받기 머리 뒤로 보낸다. 잡기는 선 자세 기술에서처럼 발을 끌어 안아조르기와 팔꺾기를 한다. 받기는 '항복 신호'를 보낸다. 받기는 검을 앞에 쥐고(끝은 잡기의 복부 쪽으로) 잡기와 마주선다. 받기는 오른발을 왼발 선상에 옮기고 칼을 칼집에 넣는다. 왼손으로 띠에서 칼집에 든 검을 빼내들고 위로 미끄러지게 한다. 받기는 두 손으로 검을 세로로 들고(칼날은 받기 쪽으로) 오른손으로 무기를 날 밑아래 오른쪽 허벅지를 따라 든다. 잡기와 받기는 자연체로 마주선다.

◈ 중요한 점

- 검을 내려칠 때, 피하는 잡기 아주 가까이에 수직으로 내려쳐야 한다.
- 잡기는 가급적 몸을 곧게 편 채 회전해야 한다.
- 잡기는 받기를 앞으로 잡아당길 때, 허리를 낮추어야 한다.
- 선 자세와 같다.

호신의 본의 마무리

잡기와 받기는 시작할 때와 반대되는 동작을 한다. 잡기는 그대로 있고 받기만 등을 돌려 단도가 있는 곳까지 가서 무릎 꿇은 자세로 단도 앞에 검을 나란히 둔다. 잠시 후 받기는 본을 시작할 때 했던 동작들을 반대로 한다. 2가지 무기를 오른손에 쥐고 일어나서 몸을 돌려 잡기를 향해 마주선다. 서로 1보 뒤로 이동한 뒤, 잡기와 받기는 무릎 꿇은 자세에서 인사(좌례)를 한다(받기는 오른쪽 옆에 무기를 둔다). 잡기와 받기는 일어나서 상석을 향해 돌아서서 입례를 한다(받기는 무기를 오른손에 든다). 잡기와 받기는 인사 후, 서서히 뒷걸음으로 퇴장한다.

제 5 장

강도관호신술(KODOKAN-GOSHINJUTSU)

제5장 강도관호신술(KODOKAN-GOSHINJUTSU)

강도관호신술의 기법은 맨손 혹은 무기를 가지고 공격해 오는 상대를 대해 모든 기술을 맨손으로 대응하여 제압하는 것이 가능하기 때문에 "창을 멈추게 하고 피해를 최소화 시킨다" 고 전해지는 유도의 공양적 사상에 따르고 있다. 또한 갑작스러운 공격을 마주치는 경우, 실전에 대비하여 무술성이 우수한 기술로 구성되어 있다.

맨손 TOSHU-NO-BU

제1교 맨손 공격

양손잡기 RYOTE-DORI	왼깃잡기 HIDARIERI-DORI	오른깃잡기 MIGIERI-DORI
한쪽팔잡기 KATAUDE-DORI	뒤깃잡기 USHIROERI-DORI	뒤목조르기 USHIRO-ZIME
감싸잡기 KAKAE-DORI		

제2교 상대가 먼거리에서 공격해 올 때

옆에서 칠 때 NANAME-UCHI	턱치기 AGO-TSUKI	얼굴치기 GAMMEN-TSUKI
정면발차기 MAE-GERI	옆차기 YOKO-GERI	

무기의 부 BUKI-NO-BU

제3교 칼로 공격해 올 때

옆에서 찌를 때 TSUKKAKE	칼로 찌르려 할 때 CHOKU-ZUKI	위에서 내려 찌를 때 NANAME-ZUKI

제4교 봉으로 공격할 때

봉으로 내려칠 때 FURI-AGE	멀리서 봉을 내려칠 때 FURI-OROSHI	봉으로 찌를 때 MOROTE-ZUKI

제5교 총으로 공격해 올 때

복부에 총을 겨눌 때 SHOMEN-ZUKE	정면에서 총을 겨눌 때 KOSHI-GAMAE	뒤쪽에서 총을 겨눌 때 HAIMEN-ZUKE

강도관호신술의 시작

받기는 권총을 품에 넣고 오른손으로 봉(길이는 약 1m, 직경 약 2.5cm)과 봉의 안쪽에는 단도(칼날이 위쪽으로 향함)를 같이 쥐고 봉의 끝과 단도의 칼날 끝을 뒤쪽으로 향하게 한다. 잡기와 받기는 서로 경기장에 들어와 약 6m 정도 간격을 두고 위치한 후, 상석을 향해 돌아서서 적립자세에서 입례를 한다. 그 후 다시 잡기와 받기는 상대방을 향해 마주보고 입례를 한다. 받기는 인사 직후 오른발을 살짝 뒤로 이동하면서 왼쪽 방향으로 약 3m 정도 걸어 나아가 정좌 후, 자신의 앞쪽에 단도, 봉, 그리고 권총을 놓는다. 단도는 칼날을 앞으로 하여 끝부분을 왼쪽으로 향하게 두고 권총은 손잡이를 앞으로 하여 총구를 왼쪽으로 향하여 둔다, 그리고는 다시 일어서서 약 6m 정도 간격으로 마주선 뒤, 왼발부터 크게 앞으로 이동하고 이어서 서로 약속된 거리로 좁혀 간다.

맨손공격(TOSHUNOBU)

1. 양손잡기 Ryote-dori

1

잡기와 받기는 자연체로 마주선다.

받기는 약속된 거리가 되었을 때, 재빨리 왼발을 한발 앞으로 이동하면서 두 손으로 잡기의 두 손목을 위에서 잡고 하복부를 무릎으로 차려고 한다. 그 즉시 잡기는 왼발을 뒤로 옮기고 손가락에 힘을 주면서 피한다.

2

3

잡기는 팔을 힘껏 굽혀 왼쪽 귀를 향해 들면서 오른손을 뺀다.

"무기를 든" 손동작을 이용하여 새끼손가락 옆면으로 받기의 오른쪽 관자놀이에 역방향으로 급소지르기를 한다. 이 틈에 잡기는 잡힌 왼손을 들어 쉽게 풀려나고 왼쪽엄지와 검지를 갈퀴처럼 받기의 오른손목을 밑에서 잡는다.

4

5

5-1 5-2

오른쪽으로 몸을 틀면서 돌리기 위해 오른손으로 받기의 오른손을 위에서 새끼손가락 옆으로 잡으면서 잡기를 보강한다. 잡기는 오른발을 크게 뒤로 옮기고 무릎을 굽히면서 이 꺾기의 효과를 극대화한다. 호신의 본(Kime-no-Kata)의 겨드랑이대팔꺾이 이다.

- 받기는 왼손을 치면서 항복신호를 보낸다. 잡기와 받기는 시작위치로 되돌아간다.

2. 왼깃잡기 Hidarieri-dori

1

잡기와 받기는 잡을 수 있는 거리까지 서로 다가선다. 1m 정도의 거리에서 받기는 오른손으로 잡기의 왼 깃을 잡으면서(엄지는 안쪽에) 오른발을 한 발 앞으로 이동하고 잡기를 밀기 시작한다.

잡기는 받기가 잡는 바로 밑을 왼손으로 잡고(엄지는 바깥에) 왼다리를 뒤로 옮긴다. 그와 동시에 잡기는 받기의 얼굴에 오른손등으로 급소지르기를 한다.

2

3

잡기는 같은 손으로 받기의 손목을 위에서 잡고 오른쪽으로 비튼다.

잡기는 발 위치를 바꾸면서(왼발을 내밀고 오른발을 뒤로 옮기면서) 받기의 오른 쪽 앞에 비스듬히 서서 왼손으로 받기의 오른쪽 팔꿈치를 위로 밀면서 이 동작을 계속한다.

4

5

5-1(반대편 모습)

잡기는 몸을 낮추면서 받기의 오른 팔꿈치와 손목을 강하게 밀어붙이면 받기의 팔을 잡기의 앞쪽 밑으로 뻗을 수 있다. 잡기는 이어딛기로 받기를 넘어뜨린다. 잡기는 왼손을 받기의 팔꿈치에 받치고 심하게 접힌 받기의 손목을 바로 세우면서 오른손으로 제압한다.

- 받기는 항복한다.
- 잡기와 받기는 위치를 바꾼다.

3. 오른깃잡기 Migieri-dori

1

잡기와 받기는 본의 축에서 서로 다가가다가 잡을 수 있는 거리에서 멈춘다. 받기는 왼손으로 잡기의 오른 깃을 잡고 왼발을 뒤로 옮기면서 잡기를 끌어당긴다.

잡기는 오른 주먹으로 받기의 턱에 급소지르기를 하면서 어퍼컷(동작) 손가락 관절은 위로 하고 오른발을 내밀어 중심을 잡는다.

2

3

그와 동시에 잡기는 왼손으로 받기의 오른손을 잡고 위쪽에서 왼쪽 엄지로 받기의 오른쪽 약지를 누른다. 오른손으로 받기의 오른 손목을 잡아 왼손으로 잡은 것에 댄다.

잡기는 받기의 오른 손목을 가슴에 대고 두 손으로 제압하면서 오른쪽을 축으로 회전하고 몸을 사라지게 하면서 원을 그리며 왼발을 뒤로 옮긴다.

4

5

6

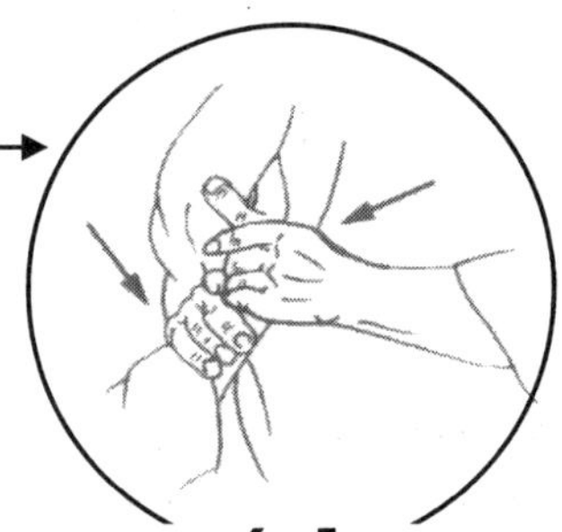

6-1

이와 같은 동작으로 인하여 받기는 잡기의 앞에서 뒤로 넘어진다. 잡기는 두 손을 그대로 둔 채 받기의 오른손을 위로 당기며 제압하고 손을 비트는 것과 가까운 동작으로 왼손으로 받기의 손목을 손등으로 꺾는다.

7

잡기는 몸을 왼쪽으로 돌려 오른 무릎 끝으로 받기의 오른쪽 겨드랑이 어깨 밑을 누르면서 이 동작을 보강할 수 있다.

- 받기는 항복신호를 한다.
- 잡기는 시작 자세를 한다.
- 받기는 일어나 잡기의 약간 오른쪽 뒤에서 5cm 정도 거리를 두고 선다.

4. 한쪽팔잡기 Kataude-dori

1

잡기와 받기는 오른발을 내민다. 받기는 오른손으로 잡기의 오른손목을 위에서 잡고 왼손으로 잡기의 오른쪽 팔꿈치를 잡는다(엄지는 위에).

받기가 잡기를 밀면서 왼발을 내밀면 잡기도 그 만큼 왼발을 내민다.

2

2-1

3

3-1

잡기는 세 발 앞으로 이동을 마치면서 선수를 친다. 잡기는 왼발을 크게 왼쪽으로 비스듬히 내딛고 몸을 약간 오른쪽으로 돌린다. 잡기는 중심을 잘 잡고 오른 무릎을 들어 오른발로(발바닥 바깥 뒤꿈치나 옆면) 받기의 왼 무릎을 찬다.

잡기는 오른발을 오른쪽 뒤에 두고 왼발을 축으로 돌아 오른쪽으로 몸을 크게 튼다. 이 동작에서 잡기는 오른손은 밑에서 왼손은 위에서 받기의 오른 손목을 잡는다(회전하면서 받기의 왼손을 놓는다).

4

5

잡기는 왼쪽 겨드랑이로 받기의 오른 팔을 제압하면서 받기의 손목을 앞으로 당겨 받기의 오른쪽 앞 균형을 잃게 한다.

잡기는 "겨드랑이대팔꺾기"를 한다.

6

- 받기는 항복신호를 한다.
- 잡기와 받기는 위치를 바꾸어 받기는 잡기 뒤에 1m 정도 거리에서 본의 축에 선다.

5. 뒤깃잡기 Ushiro-eri-dori

1

앞의 기술에서처럼 잡기와 받기는 동시에 세 발 앞으로 이동한다. 잡기가 세 번째 왼발을 내밀면 받기는 오른손으로 잡기의 깃을 잡는다(네 손가락은 안쪽에).

받기가 뒤로 잡아당기면 잡기는 받기 쪽으로 왼발을 옮기고 받기를 향해 몸을 돌린다. 잡기는 방어하듯 왼손을 얼굴높이에 치켜든다.

2

3

왼쪽에서 오른쪽으로 돌면서 수직으로 치켜든 왼쪽 팔뚝으로 받기의 오른 팔뚝을 안쪽에서 벌리는데 잡은 것을 놓칠 정도로 너무 세게 하지 않는다. 그와 동시에 잡기는 오른 주먹을 허리에 쥔다.

잡기는 받기와 마주한 채, 오른 주먹으로 복부를 친다.

4

5

5-1

잡기는 잡히고 뻗은 자세에서 왼손을 받기의 오른팔 뒤로 보내 받기의 팔꿈치 위에 놓는다. 잡기는 왼손을 오른손 약간 위에 놓는다.

잡기는 자세를 낮추고 물러나면서 두 손으로 받기의 팔꿈치를 눌러 가슴 쪽으로 누른다. 잡기는 왼쪽 어깨와 머리로 받기의 손목을 고정한다.

6

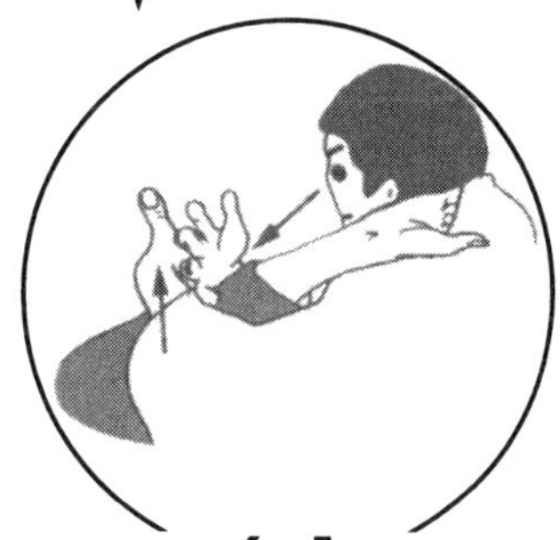

6-1

- 계속 잡고 있던 받기는 항복한다. 잡기와 받기는 위치를 바꾼다. 받기는 잡기 뒤에 1m 정도 거리에서 본의 축에 위치한다.

6. 뒤목조르기 Ushiro-jime

1

앞의 기술에서처럼 잡기와 받기는 두 발 앞으로 이동하거나 세 발 앞으로 이동 전진한다. 마지막 걸음에서 받기는 오른발을 내밀고 잡기를 잡아 두 손을 뒤에서 앞으로 원을 그리며 잡기의 목을 조른다.

잡기는 목을 보호하기 위해 턱을 당기고 받기의 팔뚝 안쪽 가장자리를 위에서 손으로 잡는다. 잡기는 몸을 약간 낮추고 밑으로 잡아당긴다.

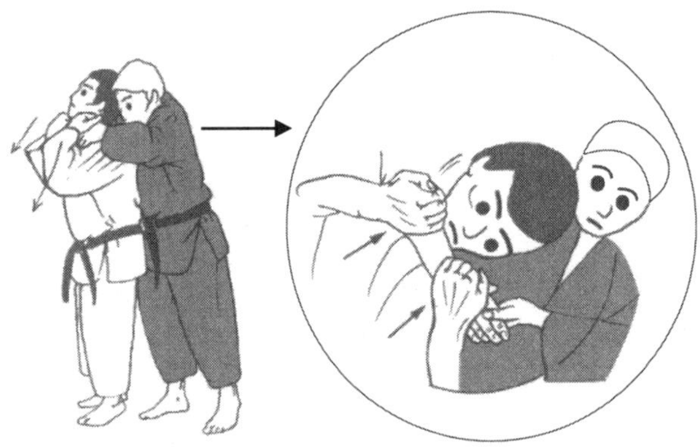

2 2-1

3

잡기는 몸을 계속 낮추고 앞으로 숙이면서 잡은 것을 놓지 않고 왼발을 뒤로 원을 그리며 옮기고 오른쪽에서 왼쪽으로 크게 돌아 받기와 마주한다.

잡기는 완전히 빠져나와서 오른손을 받기의 팔꿈치에 대고 왼손을 손목에 대면서 뻗은 받기의 팔을 제압한다.

4

5

5-1

잡기는 왼손자세를 그대로 유지한 채, 오른손을 밑으로 받치고 뒤이어딛기로 이동한다.

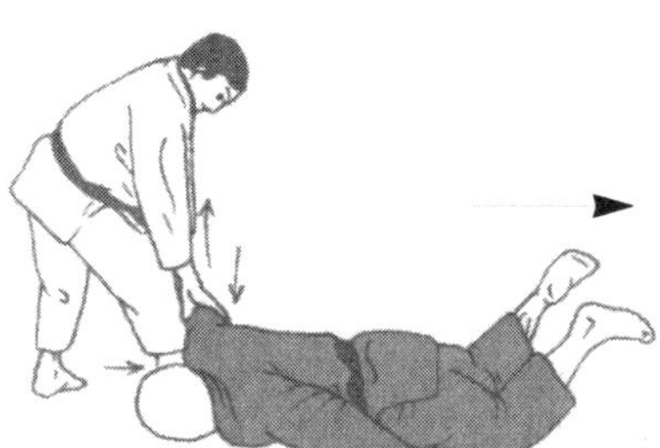

6

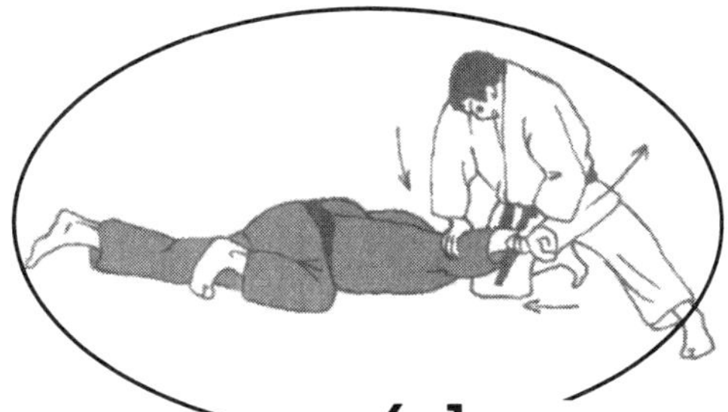

6-1

받기는 잡기의 꺾기 효과로 엎어지게 된다. 잡기는 받기의 어깨 쪽을 추가로 누르면서 두 손의 동작을 유지한다. 잡기는 오른발을 받기의 어깨에 가져가 대면서 동작을 보강한다.

- 받기는 항복신호를 보낸다.
- 잡기와 받기는 위치를 바꾼다. 받기는 잡기 뒤에 1m 정도 거리에서 본의 축에 자리한다.

7. 감싸잡기 Kakae-dori

1

앞의 기술에서처럼, 잡기와 받기는 두 발 또는 세 발 앞으로 이동한다. 마지막 걸음에서 받기는 오른발을 내밀고 잡기를 두 손으로 뒤에서 앞으로 원을 그리며 팔위로 팔꿈치 약간 위를 감싸려고 한다.

잡기는 팔꿈치를 들면서 두 팔을 약간 바깥쪽으로 강하게 힘을 주고 오른발을 약간 내밀면서 무릎을 굽혀 받기가 내 몸에 붙지 못하도록 한다.

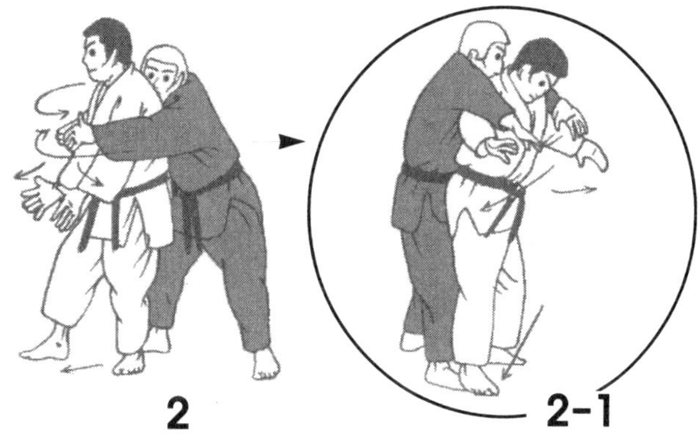

2 2-1

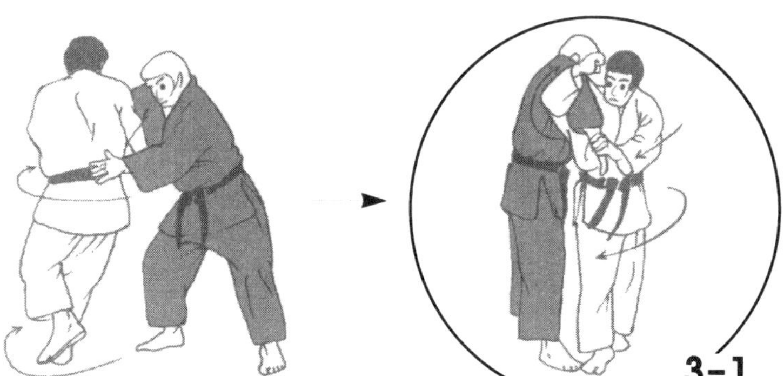

3 3-1

잡기는 오른발을 축으로 돌면서 오른쪽 뒤로 돌아 왼발을 내밀면서 동작을 보강한다. 그와 동시에 잡기는 왼손으로 받기의 오른손목을 위에서 잡아 팔꿈치 밑으로 오른 팔뚝을 안쪽에서 바깥쪽으로 넣는다.

4

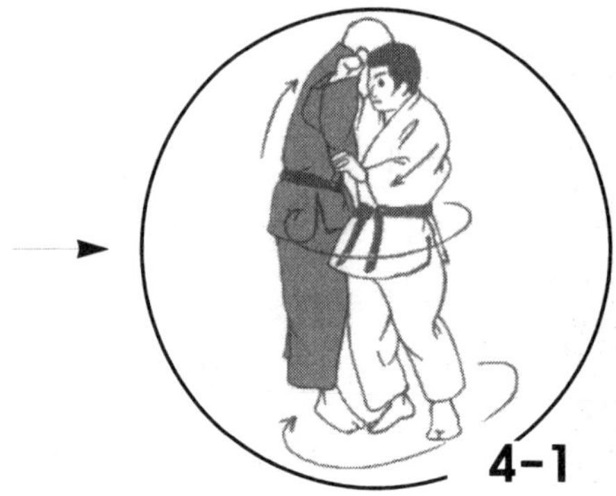

4-1

회전을 마쳤을 때, 잡기는 받기의 옆구리에 있고 잡기의 오른 팔뚝은 수직으로 들어올린다(안쪽 면이 받기의 오른 팔꿈치 안쪽 면과 맞닿는다). 잡기는 왼손으로 잡은 것을 놓지 않는다.

5

잡기는 지렛대를 이용하여 접은 오른팔과 왼손으로 받기의 팔을 들어올린다.

이 동작은 받기의 메치기를 유발한다. 잡기는 두 손으로 따라간다.

6

상대가 먼거리에서 공격해 올 때

1. 옆에서 칠 때 Naname-uchi

1

잡기와 받기는 서로를 향해 다가간다. 1m 정도 거리를 두고 받기는 오른발을 내밀며 오른 주먹으로 왼쪽 관자놀이를 공격한다. 주먹의 두툼한 부분으로 바깥에서 안쪽으로 약간 비스듬히 내려친다.

잡기는 왼발을 약간 바깥쪽으로 내밀며 온몸을 오른쪽으로 사라지게하고 왼손으로 받기의 주먹을 손목 위에서 덮쳐 밑으로 밀치면서 피한다.

2

3

잡기는 이 자세에서 왼손을 유지하면서 받기의 턱을 오른 주먹으로 어퍼컷으로 친다. 받기는 젖히면서 피하려고 한다.

잡기는 오른손 엄지와 검지로 받기의 목을 잡아(엄지는 왼쪽으로) 뒤로 위로 밀면서 왼손으로 받기의 오른 소매를 잡아당긴다.

4

5

5-1

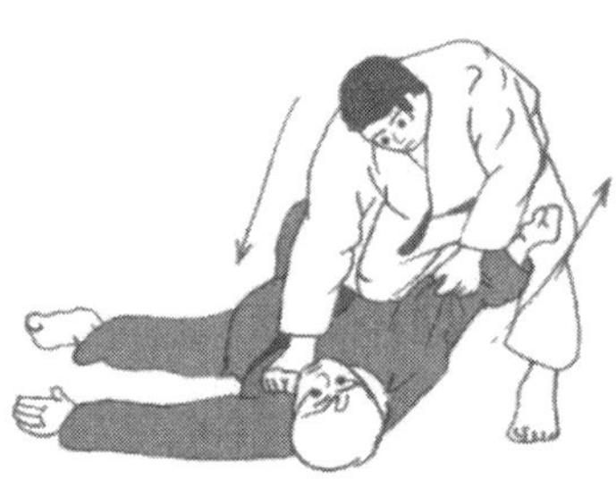

6

잡기는 이 손 동작을 유지하면서 오른 다리를 사용하여 밭다리후리기로 메친다. 잡기는 바닥까지 제압한다.

- 받기는 일어난다.
- 잡기와 받기는 위치를 바꿔 2m 정도 거리를 두고 마주선다.

2. 턱치기 Ago-tsuki

1

받기는 잡기의 턱을 겨냥해 주먹을 쥐면서 어퍼컷을 하면서 왼발 오른발 내딛는다.

잡기는 오른발을 뒤로 옮기고, 상체를 약간 젖혀 주먹을 피한다. 잡기는 오른손은 받기의 팔뚝을 따라 올라가 받기의 주먹에서 멈춘다.

2

3

그 즉시 잡기는 오른손 엄지와 새끼손가락으로(엄지는 밑에서 새끼손가락은 위에서) 받기의 손목을 밑에서 잡는다.

4

4-1

잡기는 오른손을 시계방향으로 비틀어 받기의 팔꿈치가 위로 올라오면 받기의 어깨 쪽으로 민다. 잡기는 왼손으로 받기의 팔꿈치를 밑에서 받친다.

잡기는 두 손 동작을 계속하면서 왼발을 크게 내밀어 받기를 왼쪽 앞으로 넘어뜨린다.

5

- 받기는 일어선다.
- 잡기와 받기는 위치를 바꾸고 약 4m 정도 거리를 두고 마주선다.

3. 얼굴치기 Gammen-tsuki

1

받기는 왼쪽 주먹을 든다.

받기는 왼쪽 주먹으로 잡기의 얼굴을 치면서 (왼발에 무게를 싣고) 왼발 오른발 이어딛기로 전진한다. 잡기는 받기의 왼쪽 바깥으로 오른발 왼발을 옮겨 상체를 왼쪽으로 튼다. 그와 동시에 잡기는 오른 주먹으로 받기의 왼쪽 옆구리를 친다.

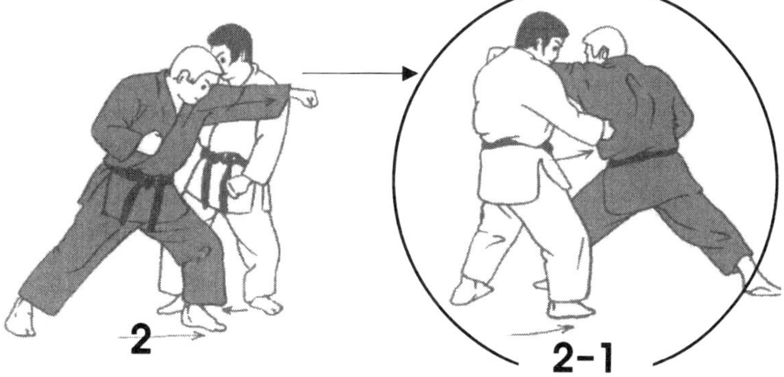

2 2-1

3

잡기는 오른발을 받기 뒤로 옮기고 왼발을 잡기의 뒤로 원을 그리며 옮기면서 오른 발에 무게를 싣고 잡기의 왼쪽 뒤로 크게 회전한다. 이렇게 받기의 등 뒤에 서서 잡기는 오른 팔뚝을 받기의 목에 대고 왼손은 받기의 왼쪽 어깨를 민다.

잡기는 두 손을 맞잡고 맨손조르기 한다.

4

5

5-1

잡기는 받기를 뒤로 더 잘 기울이기 위해 왼발 오른발 뒤로 옮기면서 조른다.

받기는 항복신호를 보낸다. 잡기는 놓거나 떨어지면서 받기가 불균형으로 인해 뒤로 넘어지게 할 수 있다.

6

• 잡기와 받기는 서로 약 4m 정도 거리를 두면서 위치를 바꾼다.

4. 정면발차기 Mae-geri

1

받기는 잡기를 향해 나아간다. 약 2m 정도 거리가 되었을 때, 받기는 크게 왼발 한 발 앞으로 이동하고 오른발가락 끝으로 하복부를 향해 찬다.

잡기는 오른발을 뒤로 옮기고 몸을 오른쪽으로 틀면서 피한다. 이 때, 잡기는 오른손으로 발뒤꿈치를 밑에서 받기의 발을 붙잡는다(숟가락으로 하듯이). 잡기는 약간 들면서 손동작을 마친다.

2

3

잡기는 왼손 동작을 하면서 오른손으로 받기의 발을 정면에서 잡는다(엄지는 받기의 발바닥에 대고). 잡기는 두 손을 든다.

받기를 향해 이어딛기하면 받기는 중심을 잃게 된다.

4

5

6

잡기가 밀면 받기는 뒤로 넘어진다.

- 받기는 일어선다.
- 잡기와 받기는 서로 위치를 바꿔 약 4m 정도 거리를 두고 선다.

5. 옆차기 Yoko-geri

1

받기는 잡기와 약 2m 정도 거리를 두고 왼쪽으로 비스듬히 오른발 한 발 앞으로 이동 왼발 한 발 앞으로 이동한다.

받기가 오른 무릎을 들 때, 잡기는 왼발을 왼쪽으로 비스듬히 내밀면서 받기의 공격에 선수를 친다.

2

3

3-1 (반대편 모습)

받기가 오른발 바깥 면으로 잡기는 오른쪽 옆구리를 차려고 다리를 뻗을 때, 잡기는 오른 팔뚝으로 받기의 다리를 왼쪽에서 오른쪽으로 보내면서 피한다. 이 동작에서 차기가 빗나가자마자 잡기는 오른발을 내민다. 잡기는 완전히 받기의 오른쪽 바깥에 위치한다.

4

그 즉시 잡기는 왼발을 내밀어 받기의 등 뒤에 자리하고 받기의 어깨에 두 손을 올려 놓는다.

잡기는 발가락을 세워 왼 무릎을 꿇고 받기를 뒤로 잡아당긴다.

5

6

받기는 뒤로 넘어진다.

- 넘어진 받기는 몸을 일으켜 잡기의 오른쪽에 다리를 벌리고 다시 앉는다. 잠시 후, 잡기와 받기는 일어나서 본의 시작위치로 가서 자연체로 마주한다. 본을 시작할 때처럼 받기는 상석을 향해 90°로 몸을 돌려 나아가 무기 앞에서 무릎 꿇은 자세를 한다. 받기는 칼집에 든 단도를 들어 상의에 넣는다. 받기는 일어나서 나머지 무기를 등지고 자연체로 잡기와 마주선다(잡기는 그 동안 움직이지 않는다). 잡기와 받기는 4m 정도 거리를 두고 마주선다.

무기의 부(BUKI-NO-BU)

1. 칼로 공격해 올 때

1) 옆에서 찌를 때 Tsukkake

1

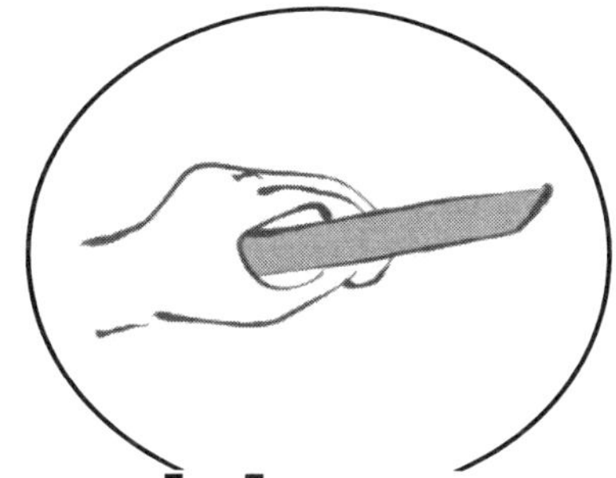

1-1 (자세한 모습)

잡기와 받기는 서로를 향해 나아가 약 1m 정도 거리를 두고 자연체로 마주선다. 받기는 갑자기 오른발을 뒤로 옮기고 오른손으로 칼을 뽑아 찌르려고 한다.

2

잡기는 오른발을 받기의 왼쪽 옆으로 옮기면서 오른손으로 받기의 왼 팔꿈치를 밖에서 강하게 잡으면서(엄지는 위에) 선수를 친다. 잡기는 몸을 왼쪽으로 틀면서 벌린다.

그 즉시 잡기는 왼손바닥으로 받기의 얼굴을 친다.

3

4

왼손으로 받기의 왼 손목을 잡아(엄지는 아래 네 손가락은 위에) 안쪽으로 비튼다.

잡기는 오른손으로 받기의 팔꿈치를 위에서 잡으면서(엄지는 아래에) 비튼다.

5

6

받기의 팔을 비틀면서 잡기는 받기를 바닥으로 민다. 잡기는 왼발 오른발 뒤로 옮기면서 받기의 앞 균형을 잃게 한다.

잡기는 받기의 팔을 어깨 축을 따라 펴서 오른손으로 팔꿈치를 누르고 왼손으로 든다.

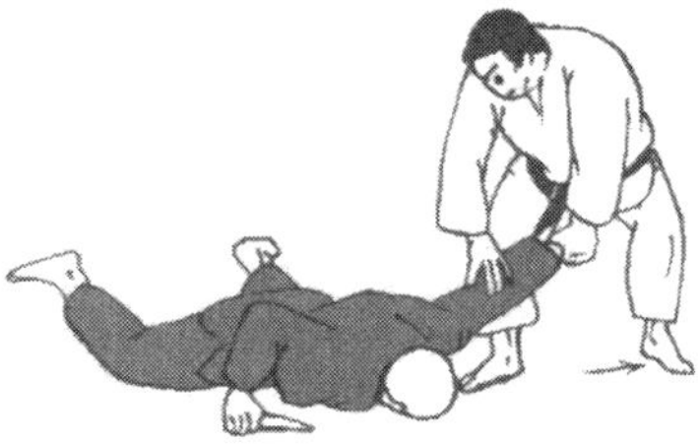

7

- 받기는 항복신호를 보낸다. 받기는 일어나서 도복 안의 왼쪽 옆에 있는 칼집에 단도를 집어넣는다.
- 잡기와 받기는 서로 위치를 바꿔 약 4m 정도 거리를 두고 선다.

2) 칼로 찌르려 할 때 Choku-zuki

1

잡기와 받기는 서로를 향해 다가가 약 2m 정도 거리를 두고 자연체로 마주선다. 받기는 오른손으로 칼을 뽑아들고 왼발을 내민다. 받기는 단도를 오른쪽 옆구리에서 가로로 뽑는다(칼날은 위로). 받기는 오른발을 내밀면서 앞쪽에서 가로로 찌른다. 잡기는 왼쪽으로 크게 한 발 앞으로 이동하고 몸을 오른쪽으로 돌리면서 공격에 맞선다. 잡기는 왼손으로(엄지는 위에) 받기의 팔뚝을 밖에서 안으로 민다.

잡기는 공격의 축에 비해 옆에서 오른 주먹을 쥐고 받기의 턱을 밑에서 위로 어퍼컷으로 받기의 얼굴을 가격한다.

2

3

그림과 같이 받기의 턱을 밑에서 위로 가격한다.

그 즉시 잡기는 오른손으로 밑에서 받기의 손목을 왼손 가까이에 잡는다.

4

4-1

5

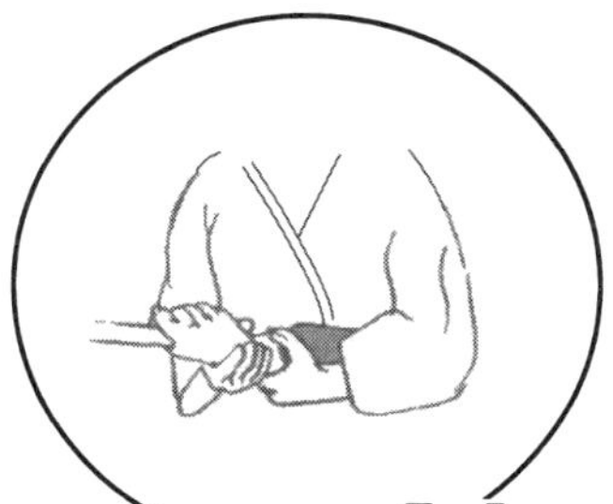

5-1

잡기는 두 손으로 받기의 팔을 안으로 비틀고 잡기의 오른쪽 뒤로 비틀면서 들어 앞으로 잡아당긴다.

잡기는 왼팔을 받기의 팔을 지나 팔꿈치를 누른다. 잡기는 왼발 오른발을 잡기의 오른쪽 앞으로 옮기면서 겨드랑이대 팔꺾기를 한다.

6

- 받기는 항복신호를 보낸다. 받기는 칼을 칼집에 넣는다. 잡기와 받기는 위치를 바꾸고 약 4m 정도 거리를 두고 자연체로 마주선다.

3) 위에서 내려 찌를 때 Naname-zuki

1

받기는 잡기를 향해 나아간다. 2m 정도 거리를 두고 받기는 오른손으로 칼을 뽑아 머리 위 뒤로 단도를 치켜들고 왼발을 내민다(칼날은 위로).

2

2-1

받기는 오른발을 내밀면서 잡기의 목 왼쪽 옆을 겨냥하면서 위에서 아래로 비스듬히 친다. 잡기는 뒤로 크게 오른발 한 발 앞으로 이동하여 무기를 피한다. 잡기는 왼손으로 받기의 손목을 위에서 잡는다(엄지는 바깥쪽에).

잡기는 몸을 왼쪽으로 돌리면서 오른발을 받기 쪽으로 옮기고 오른손으로 받기의 오른손목을 밑에서 잡는다.

3

4

잡기는 두 손으로 받기의 손목을 비틀어 가슴에 끌어당겨 손목돌려꺾기를 하며 왼발을 원을 그리며 잡기의 뒤로 옮기면서 왼쪽 뒤로 크게 회전한다.

잡기는 손에 잡은 것을 놓지 않고 크게 원을 그리며 받기를 메친다.

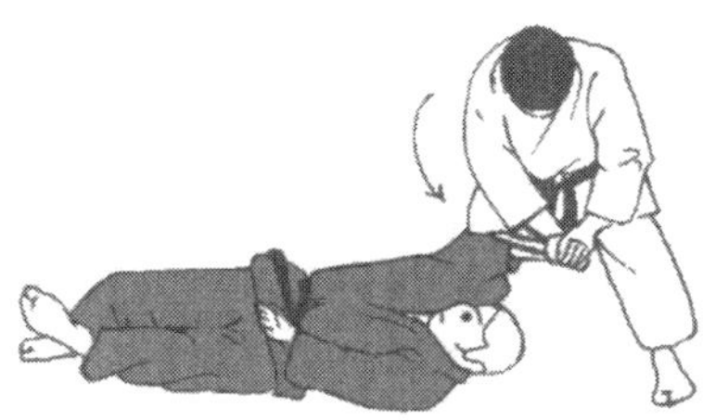

5

6

6-1

잡기는 받기의 오른쪽 옆구리를 따라 오른쪽에 무릎을 꿇는다. 잡기는 오른손에 잡은 것을 놓고 오른팔을 받기의 오른팔 위쪽 밑으로 보낸다. 오른손은 받기의 오른손을 잡아 오른쪽 어깨로 잡아당겨 아래로 누르면서 손대팔꺾기를 한다. 잡기는 왼손으로 받기의 손에서 무기를 쉽게 빼앗는다.

- 받기는 항복신호를 보낸다. 잡기는 단도를 들고 일어나서 일어나는 받기에게 무기를 건넨다. 받기는 칼을 칼집에 넣어 도복 안에 다시 넣는다.
- 잡기와 받기는 이 기술을 시작할 때의 위치로 가서 자연체로 마주선다.
- 받기는 상석에서 멀어져서 무릎 꿇은 자세를 하고 단도를 다른 무기와 같이 두고 오른손으로 막대를 들고 일어나서 나머지 무기를 등지고 잡기와 마주선다(그동안 잡기는 움직이지 않는다).
- 잡기와 받기는 약 4m 정도 거리를 두고 마주선다.

※ 핵심 포인트

- 오른손을 비틀고 온몸을 회전하면서 잡기의 왼쪽 엄지로 받기의 새끼손가락을 눌러 받기의 오른손목을 제압하면서 손목을 비틀어 꺾기로 메친다.
- 잡기는 받기의 몸의 정중선 축에 세로로 나란히 자리하여 받기의 손목을 바닥에 끌어당긴다. 잡기는 왼손으로 받기의 팔꿈치를 누르면서 단도를 뺏을 수 있다.

2. 봉으로 공격해 올 때

1) 봉으로 내려칠 때 Furi-age

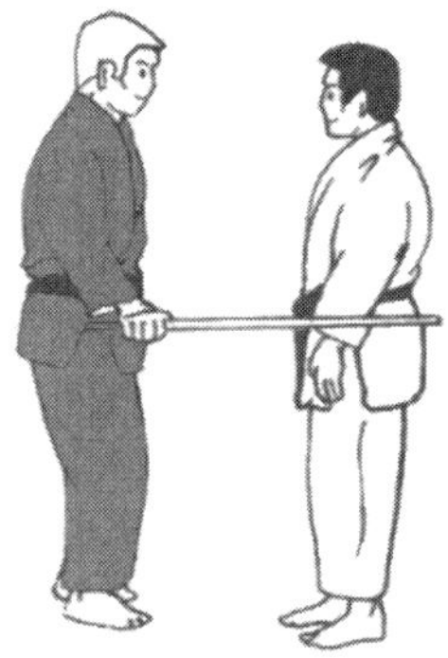

1

잡기와 받기는 서로를 향해 나아가 약 1m 정도 거리에서 받기가 먼저 공격을 시도한다.

받기는 오른발을 뒤로 옮기면서 막대를 뒤로 들어 위에서 아래로 내려치려고 한다. 잡기는 왼발과 오른발을 받기 쪽으로 내밀어 받기가 내려치기 전에 왼 팔뚝을 받기의 팔 밑에 가져가 선수를 친다(주먹과 손가락 관절은 받기 쪽으로).

2

3

그 즉시 잡기는 오른손바닥으로 상대의 턱을 친다.

잡기는 왼손으로 받기의 오른 소매를 오른손으로 왼 깃을 잡아 받기가 뒤 균형을 잃은 틈에 오른다리로 받다리후리기를 시도하여 받기를 넘어뜨린다.

4

5

6

받기가 뒤로 넘어지면 잡기는 막대를 빼앗는다.

- 잡기는 일어선 받기에게 막대를 내민다.
- 잡기와 받기는 위치를 바꿔 4m 정도 거리를 두고 자연체로 마주선다.

2) 멀리서 봉을 내려칠 때 Furi-oroshi

1

잡기와 받기는 서로를 향해 나아가 약 2m 정도 거리를 두고 받기는 두 손으로 막대를 머리 위 뒤로 들고 왼발을 내민다.

받기는 무기로 오른쪽에서 잡기의 머리를 치면서 크게 오른발 한 발 앞으로 이동한다. 잡기는 오른발을 살짝 뒤로 옮기고 왼발을 재빨리 왼쪽으로 옮겨 공격의 세로축에서 벗어나면서 피한다. 그와 동시에 잡기는 몸을 오른쪽으로 틀고 왼 팔뚝을 다시 접는다.

2

3 3-1(반대편에서 본 모습) 3-2 (자세한 모습)

잡기는 이 방향으로 이어딛기(왼발 오른발)로 짧게 이동하면서 왼 주먹 등으로 받기의 얼굴에 급소지르기 하면서 팔뚝을 다시 편다.

4

4-1(자세한 모습)

잡기는 받기에게 성큼 다가갈 수 있는 중요한 왼발을 다시 한 발 앞으로 이동할 때, 왼손새끼손가락 옆면으로 다시 눈을 친다. 그와 동시에 오른손은 막대를 위로 잡는다.

손에 온몸의 무게를 실어 누르면 받기는 뒤로 넘어진다.

5

잡기는 두 손으로 받기의 무기를 잡는다.

6

- 받기는 일어선다.
- 잡기와 받기는 위치를 바꿔 4m 정도 거리를 두고 자연체로 마주선다.

3) 봉으로 찌를 때 Morote-zuki

1

잡기와 받기는 서로를 향해 나아가 약 2m 정도 거리에서 받기는 막대 끝이 받기를 향하도록 두 손으로 잡고(왼손은 앞에 손가락관절은 막대 중앙에서 위로) 왼발을 내민다.

받기는 이어딛기로 이동하면서 왼발을 내밀고 막대 끝으로 가로로 잡기를 친다. 잡기는 더 잘 피하기 위해 공격에 맞선다. 잡기는 받기의 왼쪽 바깥쪽으로 오른발 한 발 앞으로 이동하고 왼발을 뒤로 원을 그리며 옮기면서 왼쪽 뒤로 몸을 돌린다. 그와 동시에 잡기는 오른손 옆면으로 "수도"로 막대를 막는다.

2

3

그 즉시 잡기는 오른손으로 잡아 앞으로 끌어당긴다.

잡기는 오른손을 그대로 두고 왼손을 위에서(무기의 가운데 쪽으로) 교차하여 잡는다.

4

5

잡기는 왼손을 그대로 두고 오른손으로 받기의 손에 있는 막대의 윗부분을 잡는다. 두 손의 손가락관절은 밑으로 향한다. 잡기는 두 손으로 단단히 잡고 오른 팔뚝으로 받기의 왼 팔꿈치를 누르면서 받기 앞에 왼발을 크게 내딛는다.

잡기는 두 손으로 잡은 막대를 시계반대방향으로 돌리면서 앞으로 밀면 막대를 잡은 받기는 무기를 놓치고 앞으로 구른다.

6

7

잡기는 왼발을 내밀어 넘어진 받기를 막대 끝으로 위협한다.

- 잡기는 일어선 받기에게 막대를 내민다.
- 잡기와 받기는 이 기술의 시작위치로 되돌아가서 자연체로 마주선다. 받기는 오른쪽 옆에 막대를 들고 있다.
- 받기는 상석을 향해 가서 무릎 꿇은 자세를 하고 다른 무기 가까이에 막대를 놓고 권총을 잡아 도복 안 왼쪽 옆에 넣는다. 받기는 일어나서 나란히 놓여있는 단도와 막대를 등지고 잡기와 마주한다. 잡기는 그 동안 움직이지 않는다. 잡기와 받기는 약 4m 정도 거리를 두고 마주선다.

3. 총으로 공격해 올 때

1) 복부에 총을 겨눌 때 Shomen-zuke

1

잡기와 받기는 서로 매트 중앙의 약 2m 정도 거리를 두고 멈춘다. 받기는 빠르게 오른손으로 권총을 꺼내들고 잡기의 배를 겨냥하면서 "손들어"를 외친다. 잡기는 바로 두 손을 들고 항복 자세를 취한다.

받기는 왼손으로 잡기의 오른쪽 주머니가 있는 곳을 뒤지기 시작한다. 두 손을 움직이지 않고 잡기는 몸을 오른쪽으로 살짝 돌린다.

2

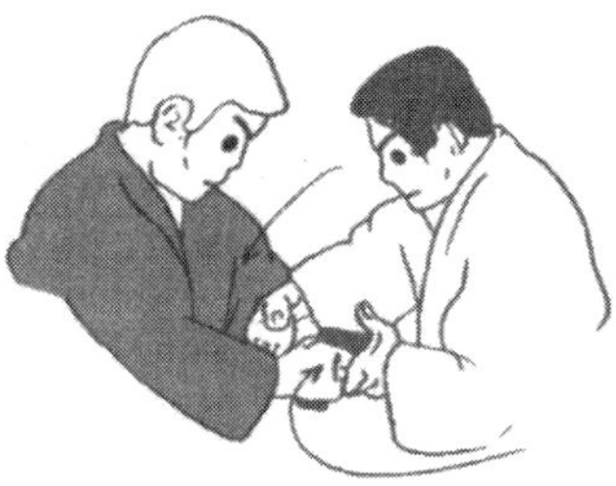

3

잡기는 아주 신속하게 대응해야 한다. 잡기는 앞으로 왼발 한 발 앞으로 이동하고, 몸을 오른쪽으로 돌리면서 왼손으로 바깥에서 무기를 잡고(엄지는 위에) 왼쪽에서 오른쪽으로 밀어 사격선상에서 벗어난다. 잡기는 눈 깜짝할 사이에 오른손으로 받기의 손목을 잡는다(엄지는 위로).

잡기는 오른손을 갈퀴처럼 받기의 손목을 잡고 왼손으로 무기를 받기 쪽으로 아래에서 위로 민다.

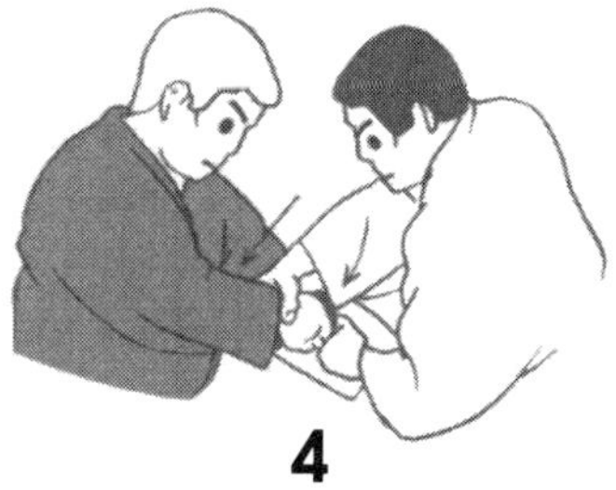

4

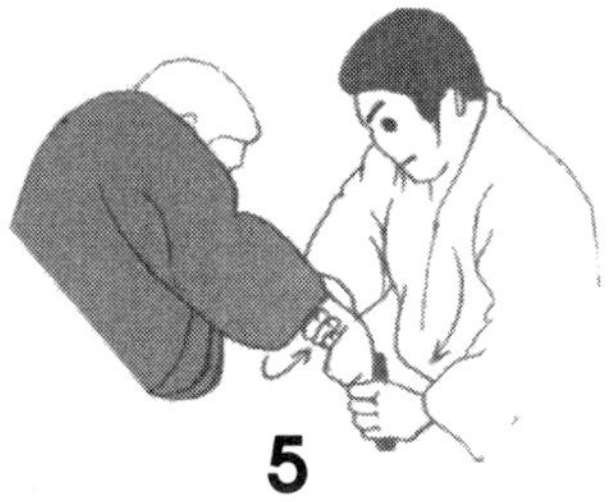

5

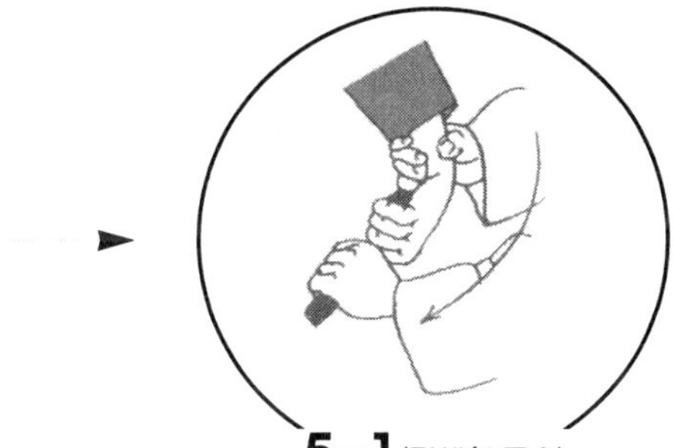

5-1(자세한 모습)

잡기는 받기의 팔을 접으면서 두 손으로 권총을 받기의 오른쪽 겨드랑이 쪽으로 민다(총신이 밑에서 위로 향하도록).

6

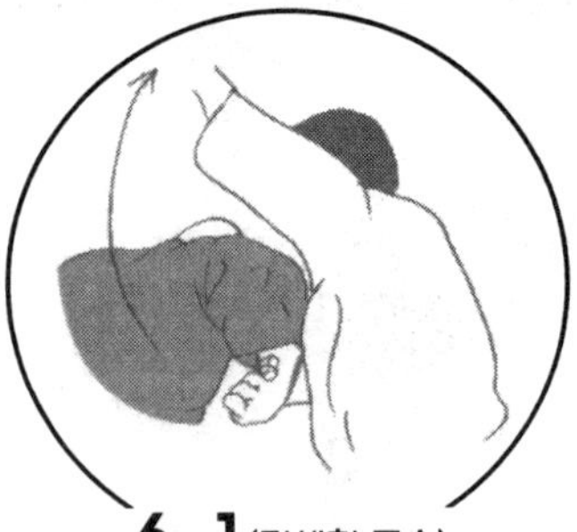

6-1 (자세한 모습)

오른손으로 받기의 접힌 손목을 강하게 밀면서 지렛대 효과를 이용해 왼손으로 총신을 잡고 무기를 위로 빼앗는다. 잡기는 왼손에 총신을 단단히 잡고 손잡이로 앞으로 숙인 받기의 머리를 위에서 아래로 내려친다.

- 잡기는 일어선 받기에게 무기를 내밀고, 받기는 무기를 도복 안쪽에 다시 넣는다.
- 잡기와 받기는 위치를 바꾼다.

2) 정면에서 총을 겨눌 때 Koshi-gamae

1

1-1 (반대편에서 본 모습)

잡기와 받기는 서로를 향해 다가가 약 2m 정도 거리를 두고 선다. 받기는 오른손으로 권총을 꺼내 오른쪽 허리에 올려놓으며 "손들어"를 외친다(앞의 상황에서처럼 팔꿈치를 몸 앞에 내고 겨냥하지 않는다). 잡기는 두 손을 들고 항복자세를 취한다. 받기는 거리에 따라 왼발 오른발 이어딛기로 다가선다. 받기는 여전히 권총을 허리에 들고 왼손으로 잡기의 오른쪽 주머니가 있는 곳을 뒤진다.

2

2-1 (반대편에서 본 모습)

잡기는 아주 신속하게 사격선상에서 빠져 나온다. 잡기는 왼쪽으로 돌아 오른손으로 무기를 바깥쪽으로 빗나가게 하면서 위에서 쓰러뜨린다.

3

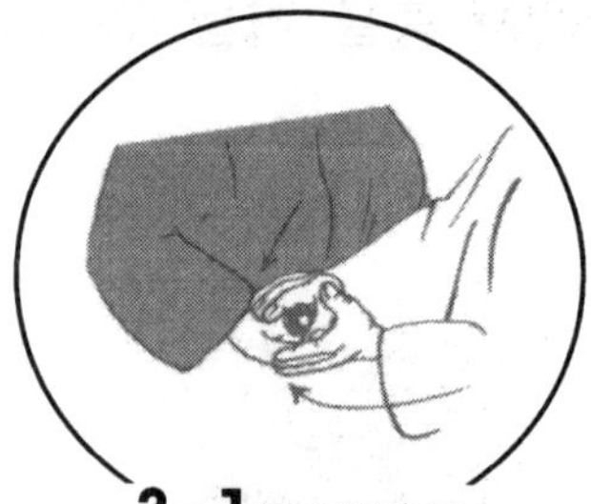

3-1(자세한 모습)

잡기는 왼손 엄지와 검지로 총신의 밑을 잡아 오른손 방향으로 민다.

4

잡기는 권총을 받기의 오른 팔꿈치 쪽으로 손을 비틀면서 민다(총신은 바깥쪽으로). 잡기는 재빨리 동작의 방향을 바꾼다. 오른쪽으로 돌면서(그 자리에서 또는 오른발을 뒤로 옮기면서) 잡기는 무기를 그 방향으로 빗나가게 하고 두 손으로 오른쪽으로 비스듬히 당기면서 빼앗는다.

그 즉시 잡기는 반대방향으로 와서 두 손으로 잡은 손잡이로 받기의 얼굴을 밑에서 위로 원을 그리며 친다.

5

5-1

- 잡기는 받기에게 무기를 건네고 연습장 중앙에 가서 1번과 같은 방향을 바라보며 이 동작의 처음 위치로 돌아간다.
- 잡기는 자연체로 있다. 받기는 권총을 도복 안에 넣고, 받기 뒤에 약 1m 정도 거리를 두고 축에 선다.

3) 뒤쪽에서 총을 겨눌 때 Haimen-zuke

1

받기는 오른발 한 발 앞으로 이동하고 권총을 꺼내 잡기의 등에 총구를 들이대며 “손들어”를 외친다. 잡기는 천천히 두 손을 든다. 받기는 왼손으로 잡기의 왼쪽 주머니가 있는 곳을 뒤지기 시작한다.

바로 그 순간, 잡기는 오른팔을 비스듬히 내리면서 왼쪽에서 오른쪽으로 돌아 무기를 든 손을 밀쳐 사격선상에서 몸을 피한다.

2

3

잡기는 오른발을 뒤로 옮기고 밖에서 안으로 또 밖으로 받기의 오른 팔꿈치를 감싼다.

4

잡기는 왼손으로 총신을 잡는다. 왼발을 뒤로 옮기고 오른손으로 받기의 팔뚝 안쪽을 누르면 받기는 오른쪽 앞 균형을 잃게 된다.

5

잡기는 왼손으로 무기를 잡아당기면서 메친다. 잡기는 넘어진 받기를 무기로 위협할 수 있다.

- 잡기는 몸을 일으킨 받기에게 무기를 돌려준다. 받기는 무기를 도복 안쪽에 넣는다. 잡기와 받기는 본의 시작자세를 한다.

강도관호신술의 마무리

모든 본의 동작이 끝나면 받기는 오른발을 살짝 뒤로 빼면서 다시 도구가 놓여져 있는 왼쪽 방향으로 이동한 뒤, 처음동작과 반대되는 역순으로 도구를 가져와 본의 시작 위치에서 서로 마주본다. 다시 오른발을 크게 뒤로 1보 이동한 뒤, 직립자세에서 인사(입례)를 하고 상석을 향해 돌아서서 인사(입례)를 하고 서서히 퇴장한다.

참고문헌

김종달 외 8인, 유도의 본Ⅰ, 보경문화사, 1997

김정행 외 6인, 유도의 본Ⅱ, 보경문화사, 1997

조재기 · 김익수, 유도의 본, 동문출판기획, 2007

김정행외 4인, 유도입문총서, 대한미디어, 2012

日本柔道整復專門學校, イラスト 柔道の形, 正月書房, 1988

Tadao INOGAI · Roland Habersetzer, Judo Kata, Amphora, 2007